OPOWIEŚCI BUDDYJSKIE

dla małych i dużych

Basbuś

Niech te legendy o prawdziwym szczęściu sprawią Ci mnóstwo radości.
Niech pomogą Ci zmienić życie na lepsze, z którego całkowicie będziesz zadowolona.

Rozkoszuj się czytaniem tych niezwykle inspirujących legend i otwórz wrota swojego serca.

Bądź szczęśliwa i spełniona

Twoja Matuszka

1.12.2012 r.

AJAHN BRAHM

OPOWIEŚCI BUDDYJSKIE dla małych i dużych

Otwierając wrota Twojego serca

STUDIO
ASTROPSYCHOLOGII
jeszcze lepsze jutro

Redakcja: Natalia Paszko
Skład: Tomasz Piłasiewicz
Projekt okładki: Piotr Pisiak
Tłumaczenie: Iwona Madej
Korekta: Krystyna Bezubik

Wydanie I
BIAŁYSTOK 2012
ISBN 978-83-7377-528-2

Tytuł oryginału: *Opening the Door of Your Heart*

STUDIO ASTROPSYCHOLOGII
jeszcze lepsze jutro

15-762 Białystok
ul. Antoniuk Fabr. 55/24
85 662 92 67 – redakcja
85 654 78 06 – sekretariat
85 653 13 03 – dział handlowy – hurt
85 654 78 35 – www.talizman.pl – detal
sklep firmowy: Białystok, ul. Antoniuk Fabr. 55/20

Więcej informacji znajdziesz na portalu www.psychotronika.pl

PRINTED IN POLAND

Pragnę wyrazić gorące podziękowania Ronowi Storeyowi za żmudne przepisywanie na maszynie pierwszego rękopisu; mnichom z mojej wspólnoty zakonnej za opiekę i pomoc; i w końcu mojemu wydawcy – Magnolii Florze – z wydawnictwa Lothian Books za jej cenne uwagi i słowa otuchy, jakimi otoczyła mnie w trakcie pisania tej mojej pierwszej książki.

Spis treści

Przedmowa

Życie to mozaika epizodów, a nie ustalony schemat pojęć. Idee mają charakter generalizujący, zawsze w jakiś sposób odbiegają od prawdy. Historia, z całym jej ciągiem znaczeń i bogactwem szczegółów, znacznie bliższa jest prawdziwemu życiu. To dlatego bliższe nam są życiowe historie niż abstrakcyjne teorie. Uwielbiamy bajeczki z dobrym zakończeniem.

Po tym, jak już od kilku dobrych lat wspierałem się w moim nauczaniu na historyjkach zamieszczonych w niniejszej publikacji, pewna młoda kobieta poprosiła mnie, abym spisał je w formie książki. Była wtedy w trakcie traumatycznego rozwodu, a te historie, jak mi powiedziała, powstrzymały ją od samobójstwa. „Proszę, napisz z nich książkę, aby mogły pomóc innym tak, jak i pomogły mnie" – błagała.

Mnich lubi nieskomplikowane życie, więc odwlekałem to. „Nie rób dzisiaj niczego, co możesz odłożyć do jutra, ponieważ dzisiejszej nocy możesz umrzeć!" – to moje mnisie credo. Napisała więc sama kilka opowiadań i wysłała je do mnie. Były spisane tak nieporadnym językiem (podejrzewam, że ta mądra kobieta zrobiła to umyślnie), że nie miałem wyboru, jak tylko napisać je od nowa. Niespodziewanie, zajęło mi to zaledwie miesiąc; nie przemęczając się, pracowałem dwie godziny dziennie. Pisało mi się łatwo. Od tego czasu, opowiadania rozeszły się w tysiącach egzemplarzy, przetłumaczono je na wiele języków. W ostatnim tygodniu dowiedziałem się, że nakład w Tajlandii osiągnął ponad 100 000 egzemplarzy. Jako mnich buddyjski, spokojnie obserwuję wznowienia z nową okładką, zwłaszcza że uważam je za *reinkarnację* poprzedniego wydania.

Jakiś rok albo dwa temu, zadzwonił do mnie pastor kościoła protestanckiego z Adelajdy, pytając mnie, czy nie mógłby wykorzystać kilka z tych historyjek w swojej książce poświęconej pracy misjonarskiej! Zgodziłem się ochoczo, dziękując przy tym za komplementy skierowane pod moim adresem. Przypowieści o mądrości mają na celu pokonywanie barier, które dzielą dobrych ludzi – wyznawców różnych religii lub niewierzących.

W 2007 roku wiele z tych opowieści ukazało się seryjnie w największym dzienniku w Tajlandii. Ostatnio pewien znajomy powiedział mi, że słyszał, jak jego kolega – ateista, opowiadał jedną z moich historii w trakcie tradycyjnego australijskiego grilla. Wówczas, jakieś dwa tygodnie temu, pewna kobieta w średnim wieku przyleciała wprost ze Szwajcarii do Perth tylko po to, by podziękować mi osobiście za tę książkę. Przybyła do mojego zakonu, ściskając namiętnie i mocno sfatygowany egzemplarz niemieckiego wydania, opowiadając mi, że cierpi na depresję, zaburzenia lękowe i masę innych schorzeń. Miała za sobą drogie terapie u licznych psychologów i zażywała rozmaite leki. Gdy natknęła się na tę książkę, zmieniła sposób patrzenia na swoje życie i jest teraz znacznie szczęśliwszą kobietą, wolną od wszelkich farmaceutyków. To dlatego musiała odbyć podróż, przemierzając niemal pół świata, by podziękować mi. Gdy z radością podpisałem jej wymęczone niemieckie wydanie, rozpłakała się.

To właśnie nazywam moimi tantiemami autorskimi. Niech owe proste życiowe historyjki z tej książki nadal pomagają uśmierzać ból współczesnego życia, pomagając nam spojrzeć na nie pod innym kątem. Jeśli tak się dzieje, czegóż więcej mógłby oczekiwać buddyjski mnich?

Ajahn Brahm
2008

Wprowadzenie

By napisać książkę, gromadziłem te wszystkie historie przez ponad trzydzieści lat, żyjąc jako mnich buddyjskiej tradycji leśnej linii Theravady. Przez cale wieki Therewada była głównym medium duchowości dla mieszkańców Tajlandii, Birmy, Sri Lanki, Kambodży oraz Laosu. Obecnie ta forma buddyzmu rozrasta się na Zachodzie – i na Południu, gdyż mieszkam w Australii!

Często słyszę pytanie, czym różnią się główne linie buddyzmu – Therawada, Mahajana, Wadżrajana i Zen. Odpowiadam, że są one niczym ten sam rodzaj tortu, ale każdy z nich oblany jest innym lukrem: z wierzchu mogą inaczej wyglądać i tak też smakować, ale gdy sięgniesz głębiej do tradycji, napotkasz ten sam smak – smak wolności. Na samym początku był tylko jeden buddyzm.

Budda nauczał w północnych Indiach około 2600 lat temu – to cały wiek przed Sokratesem. Nauczał nie tylko mnichów i mniszki – lecz także tysiące zwykłych śmiertelników: od rolników, zajmujących się uprawą ryżu, do zamiataczy ulicznych i nawet prostytutek. Mądrość Buddy nie przyszła jako objawienie ze strony boskiej istoty. Wyrosła z głębokiego wnikliwego zrozumienia prawdziwej natury życia. Nauki Buddy płynęły wprost z jego serca otwartego dzięki głębokiej medytacji. A oto sławne powiedzenie Buddy: „To w tym wysokim ciele obdarzonym umysłem rodzi się prawdziwa wiedza o początku i końcu świata".

Zasadniczym centrum nauk Buddy były Cztery Szlachetne Prawdy. Zmieniając ich zasadniczy porządek dla potrzeb tej książki, przedstawiłem je w sposób następujący:

1. Szczęście.
2. Przyczyna szczęścia.
3. Brak szczęścia.
4. Przyczyna braku szczęścia.

Opowiadania, zamieszczone w tej książce, skupiają się wokół Drugiej Szlachetnej Prawdy, przyczynie szczęścia.

W swoich naukach Budda zwykł był wykorzystywać opowiadania. Mój nauczyciel z północno-wschodniej Tajladnii, nieżyjący już Ajahn Chah, też nauczał, opowiadając historie. Pewnego razu, gdy Ajahn Chah zakończył swój dyskurs, posypały się historyjki, które najbardziej utkwiły mi w pamięci, zwłaszcza te zabawne. Ponadto, były to historie, które swoją głębią wskazywały, jak wstąpić na ścieżkę wewnętrznego szczęścia. Opowiadanie było przesłaniem, niosącym jego nauki.

Opowiadania wykorzystywałem także w trakcie mego nauczania buddyzmu i medytacji w Australii, Singapurze i Malezji przez ponad dwadzieścia lat, a kilka najlepszych z nich przedstawiłem w niniejszej książce. Opowiadania mówią same za siebie, taki przynajmniej miałem zamiar, dlatego do minimum ograniczyłem mój komentarz do nich. Każda historia może być rozumiana w wielu płaszczyznach, stąd im więcej razy je czytasz, tym więcej objawiają one prawd.

Niech te historie o prawdziwym szczęściu sprawią ci tyle radości, co tym, którzy je usłyszeli. I może pomogą ci zmienić twoje życie na lepsze, tak samo, jak pomogły wielu innym.

Ajahn Brahm

Mojemu nauczycielowi, Ajahnowi Chahowi,
który żył w pokoju ze sobą,
Moim towarzyszom – mnichom,
którzy przypominali mi, jak piękna jest cisza,
I mojemu ojcu, który nauczył mnie życzliwości.

Pozwól sobie na chwilę wyciszenia
a zrozumiesz
jak bezmyślnie pędziłeś na ślepo.
Naucz się milczeć,
a zauważysz,
że mówiłeś zbyt wiele.
Bądź miły,
a uświadomisz sobie,
że zbyt krytycznie osądzałeś innych.

– Starożytne chińskie przysłowie

Doskonałość i wina

Dwie złe cegły

Po tym, jak w 1983 roku zakupiliśmy ziemię pod nasz klasztor, byliśmy zupełnie spłukani. Popadliśmy w długi. Na ziemi nie było żadnych zabudowań, nawet nędznej szopy. Przez pierwszych kilka tygodni spaliśmy na starych drzwiach, które za parę groszy kupiliśmy na złomowisku; położyliśmy je na cegłach (cegła pod każdym rogiem), by nie leżały bezpośrednio na gołej ziemi. (Brakowało materacy, no cóż – byliśmy mnichami tradycji leśnej).

Opat miał najlepsze drzwi, bo płaskie. Moje drzwi wyglądały jak sito, z dość pokaźną dziurą w samym środku, w miejscu, gdzie powinna znajdować się klamka. Byłem zadowolony, że usunięto gałkę u drzwi, ale to pozostawiło dziurę w samym środku mojego łóżka będącego drzwiami. Żartowałem, że nie musiałbym wstawać z łóżka, by udać się do toalety! Gorzka prawda jednak była taka, że wiatr hulał przez dziurę. Niewiele wówczas sypiałem nocami.

Stanowiliśmy grupę biednych mnichów, którzy potrzebowali dachu nad głową. Nie mogliśmy pozwolić sobie na zatrudnienie prawdziwego fachowca – materiały były wystarczająco drogie. Tak więc, musiałem nauczyć się budowlanki – jak stawiać fundamenty, betonować i układać cegły, stawiać dach, zakładać hydraulikę – od początku do końca. Przez całe swoje świeckie życie zajmowałem się fizyką teoretyczną i nauczałem w szkole średniej, nie przywykłem do pracy fizycznej. Po kilku latach, stałem się wprawnym budowlańcem, nazywałem nawet swoją załogę BBC (Buddhist Builiding Company – Buddyjska Firma Budowlana). Ale początki były naprawdę ciężkie.

Stawianie cegieł może wyglądać na łatwe: najpierw warstewka zaprawy, trochę przyklepać tu, trochę tam. Kiedy zacząłem układać cegły, wyrównywałem jeden róg, a drugi szedł w górę. Więc od nowa wyrównywałem z drugiej strony i cegły się wyślizgiwały z murka. Kiedy wpychałem je z powrotem, by zachować poziom, pierwszy róg znowu szedł za wysoko. Spróbujcie sami!

Jako mnich, byłem cierpliwy i miałem tyle czasu, ile było mi potrzebne. Sprawdzałem każdą cegłę, niezależnie, jak długo to trwało. Ostatecznie, ukończyłem swoją pierwszą ścianę i podziwiałem ją. Dopiero wtedy zauważyłem – o zgrozo – umknęły mi dwie cegły. Wszystkie pozostałe leżały równiutko w jednej linii, ale te dwie przechylały się w rogu. Wyglądały strasznie. Zepsuły cały mur. Prawdziwa ruina.

Zaprawa stężała na tyle, że nie dało się wyjąć cegieł, więc zapytałem opata, czy mogę zburzyć mur i zacząć od nowa – czy nawet lepiej, wysadzić go w powietrze. Narobiłem dziadostwa i byłem bardzo zawstydzony. Opat nie pozwolił, mur miał pozostać.

Kiedy oprowadzałem pierwszych gości po naszym nowopowstałym zakonie, zawsze starałem się unikać mojego murku. Nienawidziłem, jak ktoś, to „coś" zdołał zobaczyć. Wówczas pewnego dnia, około czterech miesięcy po tym, jak już go skończyłem, oprowadzałem gościa, a ten zauważył nieszczęsną ścianę.

– Jaka miła ściana – zauważył mimochodem.

– Proszę Pana – odparłem zaskoczony – czy zostawił Pan swoje okulary w samochodzie? Czy z Pana wzrokiem coś jest nie tak? Czy nie widzi Pan tych dwóch niefortunnych cegieł, które psują całą ścianę?

To, co odpowiedział, zmieniło całe moje spojrzenie na tę ścianę, na mnie samego i na wiele innych aspektów życia. Powiedział:

– Tak. Widzę te dwie złe cegły. Ale widzę także 998 dobrych cegieł.

Zatkało mnie. Po raz pierwszy od ponad trzech miesięcy potrafiłem dostrzec, oprócz tych dwóch pomyłek, inne cegły w tej ścianie. Powyżej, poniżej, na lewo i na prawo złych cegieł, leżały dobre cegły, doskonałe cegły. Ponadto, doskonałych cegieł było o całe morze więcej, w porównaniu z tymi dwiema wadliwymi. Przedtem skupiałem wzrok wyłącznie na moich dwóch pomyłkach; byłem ślepy na wszystko inne. To dlatego nie mogłem znieść patrzenia na tę ścianę, ani tego, by ktokolwiek na nią patrzył. Dlatego chciałem ją zburzyć. Teraz, gdy już potrafię dostrzec dobre cegły, ściana wcale nie wygląda tak źle. Stało się tak wówczas, gdy pewien gość powiedział: „ciekawy murek". Wciąż tam stoi, od dwudziestu lat, a ja zapomniałem, w którym dokładnie miejscu są te niefortunne cegły. Dosłownie nie widzę już tych błędów.

Jak wiele osób kończy związek lub rozwodzi się, ponieważ jedyne, co dostrzega u swego partnera, to „dwie złe cegły"? Jak wielu z nas popadło w depresję czy nawet rozważało samobójstwo tylko dlatego, że jedyne, co w sobie dostrzegało, to „dwie złe cegły"? Prawdę mówiąc, jest wiele, znacznie więcej dobrych cegieł, doskonałych cegieł – ponad, poniżej, na lewo, na prawo – od błędów i wad ale czasami po prostu nie potrafimy ich ujrzeć. Zamiast tego, zawsze, gdy patrzymy, skupiamy wzrok wyłącznie na defektach. Widzimy jedynie wady i wydaje nam się, że tylko one istnieją, więc chcemy je zniszczyć. A czasami, niestety, niszczymy „bardzo miły murek".

Każdy z nas ma swoje dwie złe cegły, ale doskonałe cegły w każdym z nas znaczą o wiele więcej niż niedoskonałości. Gdy już to zrozumiemy, sprawy nie wydają się takie złe. Nie tylko potrafimy żyć w zgodzie z samym sobą, z naszymi błędami, słabostkami, ale także potrafimy cieszyć się wspólnym życiem z naszym partnerem. To złe wieści dla prawników, zajmujących się rozwodami, ale dobre dla ciebie.

Opowiadałem tę anegdotę wiele razy. Kiedyś podszedł do mnie budowlaniec i zdradził tajemnicę zawodową. – My budowlańcy zawsze popełniamy błędy – powiedział – ale mówimy naszym klientom, że jest to „niepowtarzalny i wyjątkowy atut", którego nie posiada żaden z sąsiadujących budynków. I w zamian śpiewamy im kilka tysięcy dolarów ekstra!

Tak więc „wyjątkowe atuty", specyficzne dla twojego domu, prawdopodobnie zaistniały jako pomyłki. Analogicznie – to, co przyjąłeś za błędy u siebie samego, u swojego partnera czy ogólnie w życiu, mogą przerodzić się w unikalne cechy, które potrafią wzbogacić twoje życie tutaj na ziemi w momencie, gdy przestaniesz się skupiać wyłącznie na nich.

Świątynny ogród

Świątynie buddyjskie w Japonii słynne są ze swoich ogrodów. Wiele lat temu istniała pewna świątynia, która górowała pięknem swojego ogrodu nad wszystkimi innymi. Przybywali tam turyści z całego kraju tylko po to, by podziwiać jego wyjątkową aranżację, jakże bogatą w swojej prostocie.

Kiedyś przyjechał pewien mnich. Przybył bardzo wcześnie rano, tuż po świcie. Pragnął dociec, dlaczego uważano ten ogród za najbardziej inspirujący. Skrył się więc pod wielkim krzewem, wybierając doskonały punkt obserwacyjny ogrodu.

Ujrzał, jak młody mnich – ogrodnik – wychodzi ze świątyni, niosąc wiklinowe koszyki. Przez pierwsze trzy godziny śledził, jak młody mnich ostrożnie podnosi z ziemi nawet najmniejszy listek i gałązkę, które spadły z rozłożystej śliwy rosnącej w samym centrum ogrodu. Młody mnich, podnosząc tak każdy listek i gałązkę, obracał je w swoich delikatnych mnisich dłoniach, oglądał je ze wszystkich stron, kontemplował je i jeśli uznał za stosowne, wkładał je do jednego ze swoich koszyków. Jeśli uznał je za bezużyteczne, wyrzucał do drugiego koszyka, koszyka na śmieci. Zebrawszy i poddawszy wnikliwej analizie każdy listek i gałązkę, opróżniwszy koszyk ze śmieciami na stertę na tyłach świątyni, robił sobie przerwę na herbatę i przygotowywał się mentalnie, by przejść do kolejnego istotnego kroku.

Młody mnich spędził następne trzy godziny, układając każdy listek i gałązkę we właściwym miejscu w ogrodzie, czyniąc to rozważnie, ostrożnie, precyzyjnie. Jeśli coś mu nie pasowało w sposobie ułożenia gałązki, obracał ją delikatnie, przesuwał ją troszeczkę do przodu, aż do momentu, gdy z promiennym uśmiechem zadowolenia z właściwie wykonanego zadania, przechodził do następnego listka, wybierając właściwy kształt i kolor dla odpowiedniego miejsca w ogrodzie. Jego dbałość o szczegóły była nieporównywalna. Jego mistrzostwo w dobieraniu koloru i kształtu odznaczała się doskonałością. Miał wyśmienite wyczucie naturalnego piękna. Kiedy już skończył, ogród wyglądał nieskazitelnie.

Wówczas wyszedł do ogrodu pewien starszy mnich. Ukazując w uśmiechu nadwątlony duchem czasu stan swojego uzębienia, pogratulował młodemu mnichowi – ogrodnikowi:

– Dobra robota! Doprawdy, dobra robota, Czcigodny! Obserwowałem cię cały ranek. Twoja staranność godna jest najwyższej nagrody. A twój ogród... No cóż! Twój ogród jest niemal doskonały.

Młody mnich zbladł jak ściana. Zesztywniał, niczym ukąszony przez skorpiona. Wyraz samozadowolenia zniknął z jego twarzy, zastępując go wyrazem wielkiej niepewności. W Japonii nigdy nie wiesz, co naprawdę myślą starsi mnisi z szerokim uśmiechem na twarzy!

– Jak... mam to rozumieć? Wydusił z siebie ze strachu. Co to znaczy, że NIEMAL doskonały? – i padł na kolana przed starszym mnichem. – O Mistrzu! O Nauczycielu! Proszę, ulituj się nade mną. Z pewnością jesteś wysłannikiem Buddy i przyszedłeś, by pokazać mi, jak uczynić mój ogród w pełni doskonałym. Naucz mnie. O Ty Mądry! Wskaż mi, jak mam to zrobić!

– Czy naprawdę chcesz, bym ci to pokazał? – zapytał stary mnich, a na jego wiekowej, pooranej zmarszczkami twarzy pojawiło się szelmowskie spojrzenie.

– O tak. Proszę, bardzo proszę. Proszę Mistrzu!

Tak więc, stary mnich zamaszyście wkroczył do centralnej części ogrodu. Objął obsypaną liśćmi śliwę swoimi starymi, choć wciąż silnymi ramionami. Wówczas, ze śmiechem świętego, z całych sił zaczął potrząsać tym biednym drzewem. Wokół posypał się deszcz liści, gałązek i kawałków kory, a ów stary mnich nadal potrząsał drzewem. Kiedy liście przestały opadać, wreszcie przestał i on.

Młody mnich był przerażony. Ogród wyglądał jak ruina. Cała poranna praca poszła na marne. Miał ochotę zabić tego mnicha starucha. Ale ten stary mnich tylko rozglądał się wokół, podziwiając swoją pracę. Wówczas z rozbrajającym uśmiechem, który łagodzi wszelki gniew, powiedział spokojnie do młodego mnicha:

– Teraz twój ogród jest naprawdę doskonały.

Co zostało zrobione, uważa się za skończone

Okres monsunowy w Tajlandii trwa od lipca do października. W tym czasie mnisi przestają podróżować, odkładają wszelkie projekty i poświęcają się w pełni nauce i medytacji. Okres ten nazywany jest „Vassa" lub „Rains Retreat" (Odosobnieniem w porze deszczowej).

Kilka lat temu, w południowej części Tajlandii sławny opat budował nowy hol w swoim zakonie, należącym do tradycji leśnej. Kiedy nadeszła pora odosobnienia deszczowego, zarzucił wszelkie prace i odesłał budowniczych do domu. W jego zakonie był to okres wyciszenia.

Kilka dni później przybył pewien turysta, zobaczył rozgrzebaną w połowie budowę i zapytał, kiedy hol będzie ukończony. Stary mnich odpowiedział bez zastanowienia:

– Hol jest ukończony.

– Co masz na myśli, mówiąc „Hol jest ukończony"? – odparł turysta, zupełnie zaskoczony. – Nie ma dachu. Nie ma drzwi i okien. Wszędzie walają się kawałki drewna i worki z cementem. Czy zamierzasz to tak zostawić? Czy jesteś szalony? Co znaczy „Hol jest ukończony"?

Stary mnich uśmiechnął się i spokojnie odparł:

– Co jest zrobione, jest skończone – i wrócił do swojej medytacji.

Oto jedyna droga, by się wycofać lub zaczerpnąć oddechu. W przeciwnym razie, nasza praca nigdy nie będzie skończona.

Rady głupca, jak osiągnąć spokój umysłu

W Perth, pewnego piątkowego wieczora, opowiedziałem poprzednią historię szerokiemu gremium słuchaczy. Zaraz potem, w niedzielę, przyszedł do mnie pewien rodzic, by mnie zganić. Był na moim spotkaniu wraz ze swym nastoletnim synem. W sobotę wieczorem jego syn chciał wyjść z przyjaciółmi. Ojciec zapytał go:

– Czy odrobiłeś już synu swoje zadanie?

Syn odpowiedział:

– Tato, Ajahn Brahm ostatniego wieczora nauczał w świątyni, że co jest zrobione, jest skończone! Pa!

W następnym tygodniu opowiedziałem inną historię. Większość ludzi w Australii ma swój przydomowy ogród, ale tylko garstka z nich wie, jak się w nim wyciszyć. Dla pozostałych, ogród stanowi tylko kolejne miejsce pracy. Więc zachęciłem tych z ogrodem, by pielęgnowali jego piękno, pracując w nim niewiele, a w zamian dbali o swoje dusze, siedząc w jego ciszy i podziwiając jego dary natury.

Pierwszy lepszy głupiec pomyśli, że to niezły pomysł. Ludzie, tacy jak on, postanawiają zatem popracować co nieco, a potem pozwolić sobie na kilka chwil wytchnienia i zadumy w swoim ogrodzie. Mimo wszystko, trawnik wymaga koszenia, przydałoby się podlać kwiaty, zgrabić liście, przyciąć krzewy, zamieść ścieżkę... Oczywiście, zabiera to im cały wolny czas, by mieć z głowy zaledwie ułamek „tych niewielkich prac". Ich praca nigdy nie jest skończona, stąd zawsze brak im tych kilku chwil wytchnienia. Czy zauważyłeś, że w naszej kulturze, tych, którzy „odpoczywają w spokoju", można znaleźć jedynie na cmentarzu?

Drugi głupiec pomyśli, że jest o wiele bystrzejszy niż pierwszy. Ludzie, tacy jak on, odkładają grabki i konewki, i siadają w ogrodzie, czytając gazetę – przypuszczalnie jakiś kolorowe czasopismo ze zdjęciami przyrody. Ale to jest tylko przyjemny relaks z gazetą, a nie szukanie spokoju w twoim ogrodzie.

Trzeci głupiec odłoży wszelkie narzędzia ogrodnicze, wszystkie gazety, czasopisma, odbiorniki radiowe i tylko będzie siedział, delektując się spokojem swojego ogrodu... zaledwie kilka sekund! Ludzie, tacy jak on, w takich chwilach zaczynają myśleć: „Ten trawnik naprawdę potrzebuje koszenia. I te krzewy należy jak najszybciej przystrzyc. Jeśli nie podleję kwiatów, mogą uschnąć w ciągu kilku dni. A może pasowałaby tu, w rogu, także ładna gardenia? Tak! Zdecydowanie, razem z tym ozdobnym poidełkiem dla ptaków z przodu. Dostanę takie w centrum ogrodniczym...". Mamy tu dające przyjemność myślenie i planowanie. Nie ma w tym spokoju umysłu.

Mądry ogrodnik myśli w ten sposób: „Pracowałem wystarczająco długo, nadszedł teraz czas, by cieszyć się owocami własnej pracy, wsłuchać się w kojący spokój. Nawet, gdy trawnik wymaga koszenia i liście grabienia, i jeszcze coś tam należy zrobić! A niech tam, nie teraz". W ten właśnie sposób odnajdujemy mądrość, jak cieszyć się ogrodem, nawet gdy nie jest on doskonały.

Być może, gdzieś tam, za krzewami ukrywa się jakiś stary japoński mnich, który tylko czeka, by z nich wyskoczyć i powiedzieć nam, że nasz zapuszczony, stary ogród jest naprawdę doskonały. Rzeczywiście, jeśli spojrzymy na pracę, która już jest wykonana – zamiast skupiać się na tym, co należy jeszcze wykonać – być może zrozumiemy, że to co zostało zrobione, jest skończone. Lecz jeśli skupiamy się wyłącznie na niedociągnięciach i błędach, na rzeczach, które wymagają korekty, tak jak w przypadku mojego murku z cegieł w świątyni zakonnej, nigdy nie poznamy spokoju.

Rozumny ogrodnik cieszy się kwadransem spokoju dla siebie, w otoczeniu doskonałej niedoskonałości przyrody, nie zaprzątając sobie niczym głowy, niczego nie planując i nie obwiniając się. Wszyscy mamy prawo, by uciec i mieć chwilę spokoju, inni zasługują na to, by odpocząć od nas, gdy tylko zejdziemy im z drogi! Wówczas, gdy doświadczymy naszego decydującego, zbawiennego kwadransu spokoju w zakątku ogrodu, powracamy do naszych ogrodniczych powinności.

Gdy zrozumiemy, jak znaleźć taki spokój w naszym ogrodzie, wówczas dowiemy się, jak znaleźć spokój – zawsze i wszędzie. Zwłaszcza, gdy potrafimy znaleźć spokój w ogrodzie naszej duszy, nawet jeśli czasami może nam się wydawać, że panuje tam straszny bałagan, wymagający wielkiego nakładu pracy.

Wina i rozgrzeszenie

Kilka lat temu pewna młoda Australijka odwiedziła mnie w mojej świątyni w Perth. Ludzie ze swoimi problemami często przychodzą do mnichów po poradę, ponieważ jesteśmy tani – nigdy nie pobieramy żadnych opłat za nasze usługi. Kobieta zadręczała się poczuciem winy. Około pół roku wcześniej pracowała w znanej społeczności górniczej w północnej części Australii Zachodniej. Praca była ciężka, ale i wynagrodzenie dobre, niemniej jednak poza pracą, za bardzo nie było co robić. Tak więc pewnego niedzielnego popołudnia zaproponowała swojej najlepszej przyjaciółce i jej chłopakowi, by zrobili sobie eskapadę po buszu. Przyjaciółka nie chciała jechać, chłopak przyjaciółki także, a samotna przejażdżka nie była atrakcyjna. Tak się im przymilała, przekonywała ich i wierciła im dziurę w brzuchu, że poddali się i przystali na jej wypad do buszu.

Zdarzył się wypadek: samochód stoczył się z drogi wysypanej żwirem. Przyjaciółka młodej dziewczyny poniosła śmierć, chłopaka sparaliżowało. Przejażdżka była pomysłem dziewczyny, a jednak ona nie odniosła obrażeń.

Powiedziała mi ze smutkiem w oczach:

– Gdybym tylko ich nie zmuszała do tej przejażdżki. Ona wciąż by żyła. On wciąż miałby swoje nogi. Nie powinnam ich była do tego namawiać. Czuję się tak strasznie. Czuję się bardzo winna.

Pierwszą myślą, jaka przyszła mi do głowy, był pomysł zapewnienia jej, że nie była to jej wina. Nie planowała wypadku. Nie miała zamiaru skrzywdzić własnych przyjaciół. Takie rzeczy się zdarzają. Trudno, odpuść. Nie czuj się winna. Ale następnie pojawiła się druga myśl: „Założę się, że słyszała tę śpiewkę wcześniej setki razy i oczywiście nie działała". Więc zastanowiłem się, przyjrzałem się głębiej jej sytuacji i wówczas powiedziałem, że to dobrze, iż czuje się tak bardzo winna.

W tym momencie smutek z jej twarzy zastąpiło zdziwienie, a zdziwienie przerodziło się w ulgę. Nigdy przedtem czegoś takiego nie usłyszała: powinna czuć się winna. Chyba trafiłem. Czuła się winna z poczucia winy. Czuła się winna i każdy mówił jej, że nie powinna. Czuła się „podwójnie winna", winna za wypadek i winna poczucia winy. Nasze skomplikowane umysły funkcjonują w ten sposób.

Gdy tylko uporaliśmy się z pierwszym poziomem winy i ustaliliśmy, że jej poczucie winy było właściwe, mogliśmy przejść do następnej fazy rozwiązania: Co dalej należy z tym zrobić?

Istnieje takie poręczne porzekadło buddyjskie: „Lepiej zapalić świeczkę, niż narzekać na ciemność".

Zawsze jest coś, co możemy zrobić, zamiast zamartwiać się, nawet jeśli to „coś" oznacza chwilę spokoju, zamiast narzekania.

Wina zasadniczo różni się od wyrzutów sumienia. W naszej kulturze „winny" to werdykt, przypieczętowany uderzeniem młotka sędziowskiego w drewniany stół na zakończenie rozprawy sądowej. I jeśli nikt inny nas nie ukarze, karzemy się sami, w rozmaity sposób. Wina oznacza ukaranie, sięgające głębi naszej *psyche*.

Dlatego też ta młoda kobieta potrzebowała pokuty, która uwolniłaby ją od winy. Powtarzanie jej, by zapomniała o wszystkim i żyła dalej, nie przynosiło rezultatu. Zasugerowałem jej, by zaczęła pracować jako wolontariuszka w miejscowym szpitalu na oddziale rehabilitacyjnym, pomagając ofiarom wypadków drogowych. Pomyślałem sobie, że tą ciężką pracą zmyje z siebie winę, a ponadto, co zazwyczaj zdarza się w pracy wolontariuszy, zyska wielką pomoc od ludzi, którym sama przyszła z pomocą.

Przestępstwo kryminalne

Zanim objąłem zaszczytne aczkolwiek uciążliwe stanowisko opata, które przytłaczało mnie nadmiarem obowiązków, odwiedzałem więzienia w okolicy Perth. Zachowałem szczegółowe zapisy wejść i godzin spędzonych na posłudze w więzieniu, by móc je wykorzystać i zaliczyć na poczet kary, gdyby kiedykolwiek mnie skazano!

Podczas mojej pierwszej wizyty w dużym więzieniu w Perth, byłem jednocześnie zdziwiony i wzruszony liczbą więźniów, którzy zgromadzili się, by posłuchać, co mówię na temat medytacji. Sala była wypełnione po brzegi. Przybyło około dziewięćdziesięciu pięciu procent więźniów po to, by nauczyć się medytacji. W trakcie mojej prelekcji, moja utrzymywana dotąd w ryzach prawa widownia coraz bardziej się rozluźniała. Zaledwie po dziesięciu minutach, jeden z więźniów, jeden z wysokich „rangą" kryminalistów w więzieniu, podniósł rękę, by mi przerwać i zadać pytanie. Zaprosiłem go, by podszedł do przodu i zapytał:

– Czy to rzeczywiście prawda – powiedział – że poprzez medytację można się nauczyć lewitacji?

No i miałem jasność, dlaczego tak dużo więźniów przyszło na moją prelekcję. Wszyscy zamierzali nauczyć się medytacji, żeby móc lewitować przez mury więzienia! Powiedziałem im, że jest to możliwe, ale tylko w przypadku wyjątkowych medytacji i po długich latach treningu. Gdy następnym razem przyszedłem z naukami do tego więzienia, na sesji pojawiło się zaledwie czterech więźniów.

Przez te całe lata, jak nauczałem w więzieniach, poznałem bardzo dobrze kilku przestępców. W pierwszej kolejności, czego się dowiedziałem, było to, że każdy ze skazanych czuje się winny za to, co zrobił. Czują to dniem i nocą, głęboko w swoich sercach. Dzielą się tym, tylko ze swoimi bliskimi przyjaciółmi. Dla otoczenia przybierają specyficzną, wyzywającą pozę więźnia. Lecz jeśli zdobędziesz ich zaufanie, kiedy uznają cię choć na chwilę za swojego duchowego przewodnika, otwierają się i wyjawiają swą bolesną winę. Często pomagałem im następną historią: opowiadaniem o dzieciakach klasy B.

Dzieciaki klasy B

Wiele lat temu, w pewnej szkole w Anglii, przeprowadzono tajny eksperyment edukacyjny. Szkoła miała dwie klasy dla dzieci w tym samym wieku. Na koniec roku szkolnego przeprowadzono egzamin, by wybrać dzieci do klas w następnym roku. Jednakże wyniki egzaminu nigdy nie zostały ujawnione. Zachowując tajność – prawdę znał tylko dyrektor i psycholog – dziecko, które zajęło pierwsze miejsce w egzaminie umieszczano w tej samej klasie, co dzieci plasujące się na czwartej i piątej pozycji, ósmej i dziewiątej, dwunastej i trzynastej, i tak dalej. Podczas gdy dzieci, które zajęły drugie i czwarte miejsce, umieszczano w tej samej klasie wraz z dziećmi, które zajęły miejsce szóste i siódme, dziesiąte i jedenaste, i tak dalej. Innymi słowy, na podstawie osiągniętych wyników egzaminów, dzieci równomiernie podzielono na dwie klasy. Starannie dobrano nauczycieli na następny rok, pod kątem ich jednakowych umiejętności. Nawet sale lekcyjne miały podobny wystrój i wyposażenie. Wszystko było, w miarę możliwości, identyczne, z wyjątkiem jednej rzeczy: były dwie klasy, „Klasa A" i „Klasa B".

W rzeczywistości obydwie klasy miały dzieci o równych umiejętnościach. Ale każdy myślał, że dzieci z Klasy A są zdolniejsze, a dzieciaki z Klasy B mniej zdolne. Niektórzy rodzice dzieci z Klasy A byli mile zaskoczeni, że ich dziecko tak dobrze sobie poradziło i nagrodziło ich pochwałami, podczas gdy rodzice niektórych dzieciaków z Klasy B skarcili swoje pociechy za lenistwo i pozbawili je kilku przywilejów. Nawet nauczyciele w Klasie B uczyli w inny sposób, spodziewając się mniej po dzieciakach. Przez cały rok podtrzymywano złudne wrażenie. I wówczas nadszedł następny egzamin na koniec roku.

Wyniki były przejmujące, ale nie zaskakujące. Dzieci z Klasy A wypadły o wiele lepiej, niż te z Klasy B. W rzeczywistości wyniki były takie jak lepszej połówki wybranej na podstawie ubiegłorocznego egzaminu. One stały się dziećmi z Klasy A. A te, z drugiej grupy, choć na równym poziomie w ubiegłym roku, stały się teraz dzieciakami z Klasy B. Tego właśnie uczono je przez cały rok, tak właśnie były traktowane, i w to właśnie uwierzyły – i takimi właśnie się stały.

Dziecko w supermarkecie

Mówię swoim „kumplom z więzienia", by nigdy nie myśleli o sobie jak o przestępcach, lecz jak o kimś, kto popełnił przestępstwo. Ponieważ, gdy mówi się im, że są przestępcami, jeśli traktuje się ich jak przestępców, i jeśli wierzą, że są przestępcami, stają się przestępcami. Tak to działa.

Pewien chłopiec upuścił przy kasie w supermarkecie karton z mlekiem, który pękł i mleko rozlało się po podłodze.

– Głupi dzieciaku – powiedziała matka.

W sektorze obok, inny chłopiec upuścił karton z miodem. Także pękł i miód wypłynął na podłogę.

– To, co zrobiłeś, nie było mądre – powiedziała jego matka.

Pierwsze dziecko zaklasyfikowano jako głupie na całe życie; drugiemu wytknięto tylko jeden błąd. Pierwsze z pewnością będzie głupie; drugie nauczy się przestać robić głupoty.

Pytam swoich kumpli z więzienia, co poza tym zrobili jeszcze tego dnia, gdy popełnili przestępstwo? Co jeszcze zrobili w trakcie tamtego roku? Co jeszcze zrobili w innych latach swojego życia? I wtedy powtarzam moją historię z murem.

Są też inne cegły w murze, reprezentujące nasze życie, bez naszych grzechów i win. Tak naprawdę, tych dobrych cegieł jest zawsze więcej, i to znacznie więcej, niż tych złych. Czy zatem jesteś felernym murem, wymagającym zburzenia? Czy jesteś porządnym murem, z kilkoma felernymi cegłami, tak jak każdy z nas?

W kilka miesięcy potem, jak zostałem opatem i przestałem odwiedzać więzienia, otrzymałem prywatny telefon od jednego z oficerów więziennych. Prosił mnie, bym powrócił. Obdarzył mnie komplementem, który jest dla mnie skarbem. Powiedział mi, że moi kumple z więzienia, moi uczniowie, gdy już skończą odsiadywać karę, nigdy nie wrócą do więzienia.

Wszyscy mamy coś na sumieniu

W poprzedniej historii opowiadałem o ludziach, z którymi pracowałem w więzieniu, ale ogólne przesłanie odnosi się do każdego „odsiadującego karę" w więzieniu poczucia winny. To „przestępstwo", za które czujemy się winni – cóż poza tym robiliśmy tamtego dnia, tamtego roku, w tym życiu? Czy potrafimy zobaczyć inne cegły w murze? Czy potrafimy spojrzeć poza ten głupi czyn, będący źródłem naszej winy? Jeśli zbyt długo skupiamy się na czynach „Klasy B", możemy stać się człowiekiem Klasy B: to dlatego wciąż powielamy nasze błędy i gromadzimy większe poczucie winy. Lecz kiedy dostrzeżemy inne elementy naszego życia, pozostałe cegły w naszym murze, kiedy nauczymy się patrzeć realistycznie oczami intuicji, dostrzegamy wspaniały widok, niczym kwiat rozkwitający w duszy: zasługujemy na przebaczenie.

Uwalnianie się od winy i to na zawsze

Najtrudniejszym do pokonania etapem podróży, zmierzającej do uwolnienia od winy, jest przekonanie siebie, że zasługujemy na przebaczenie. Historie, które dotychczas przedstawiłem, są po to, by pomóc nam, ale ten ostateczny krok poza bramy więzienia należy wykonać samemu.

Mój przyjaciel, jako chłopiec, bawił się ze swoim najlepszym kolegą na molo. Dla żartu, zepchnął go do wody. Kolega utonął. Przez wiele lat ten młody człowiek żył przytłoczony miażdżącym poczuciem winy. Rodzice chłopca, który utonął, mieszkali po sąsiedzku. Dorastał, wiedząc, że odebrał im syna. Wówczas pewnego ranka, wiem z jego relacji, zdał sobie sprawę z tego, że już nie musi czuć się winny. Wyszedł ze swojego więzienia, rozkoszując się ciepłym powiewem wolności.

Miłość i poświęcenie

Miłość bezwarunkowa

Kiedy miałem około trzynastu lat, ojciec wziął mnie na stronę i powiedział coś, co zmieniło moje życie. Byliśmy sami w starym samochodzie, na jakiejś bocznej uliczce, w jednej z biedniejszych dzielnic na obrzeżach Londynu. Zwrócił się do mnie tymi słowami:

– Synu, czegokolwiek byś nie zrobił w swym życiu, wiedz jedno. Drzwi mojego domu są dla ciebie zawsze otwarte.

Wówczas byłem tylko młodym nastolatkiem. Nie bardzo rozumiałem, o co mu chodziło, ale wiedziałem, że było to coś ważnego, więc zapamiętałem to. Mój ojciec zmarł trzy lata później.

Kiedy zostałem mnichem w północno-wschodniej Tajlandii, myślałem nad tamtymi słowami mojego ojca. Pamiętam, że wówczas naszym domem było małe czynszowe mieszkanko w biednej części Londynu i nie miało nic wspólnego z domem, którego drzwi mogłyby stać otworem. Ale wtedy uświadomiłem sobie, że nie o to naprawdę chodziło mojemu ojcu. Za jego słowami, niczym klejnot owinięty w bawełnę, kryło się najbardziej klarownie sformułowane wyrażenie miłości, jakie znam: „Synu, czegokolwiek byś nie zrobił w swym życiu, wiedz jedno. Wrota mego serca zawsze stoją dla ciebie otworem".

Mój ojciec ofiarował mi bezwarunkową miłość. Bez żadnych „ale". Byłem jego synem i to wystarczało. To było wspaniałe. To było prawdziwe. Właśnie to miał na myśli.

Trzeba dużo odwagi i mądrości, by powiedzieć komuś takie słowa, by otworzyć drzwi swego serca przed drugim człowiekiem bez żadnych „ale". Być może pomyślimy, że w ten sposób możemy zostać wykorzystani, ale to tak nie działa, a przynajmniej ja się z tym nie spotkałem. Kiedy ktoś obdarowuje cię tym rodzajem miłości, jest to jakbyś otrzymywał drogocenne prezenty. Dbaj o tę miłość, trzymaj ją blisko swego serca, by jej nie utracić. Nawet jeśli wówczas tylko częściowo rozumiałem słowa mojego ojca, nie śmiałbym zranić tego człowieka. Jeśli obdarzysz takimi słowami kogoś ci bliskiego, wówczas ta osoba sięgnie wyżej – nigdy niżej, by napotkać twoją miłość.

By wrota twojego serca stały otworem

Kilkaset lat temu, w leśnej grocie gdzieś w Azji mieszkało siedmiu mnichów, medytujących nad formą bezwarunkowej miłości, którą opisałem w poprzedniej historii. Był tam przewodni mnich, jego brat i jego najlepszy przyjaciel. Czwarty mnich był wrogiem przewodniego mnicha: po prostu nie mogli ze sobą wytrzymać. Piąty mnich w grupie był mnichem bardzo wiekowym, tak posuniętym w latach, że w każdej chwili spodziewano się jego śmierci. Szósty mnich był chory – i to na tyle, że też mógł w każdej chwili umrzeć. I ostatni mnich, siódmy, był zupełnie do niczego. Zawsze chrapał, kiedy rzekomo miał medytować; nie potrafił zapamiętać swojego mantrowania, a jeśli już udało mu się to, gubił tonację. Nawet nie potrafił właściwie obchodzić się ze swoimi szatami. Ale inni go tolerowali i dziękowali mu za naukę cierpliwości.

Pewnego dnia banda zbirów odkryła jaskinię. Leżała tak daleko, była tak zakamuflowana, że mieli ochotę przejąć ją na własną bazę, więc postanowili zabić wszystkich mnichów. Mnich przewodni, na szczęście, miał wyjątkową siłę perswazji. Spróbował – nie pytajcie mnie, w jaki sposób – namówić całą bandę, by zostawili mnichów w spokoju, pozwalając im odejść, z wyjątkiem jednego, którego mieliby zabić, jako przestrogę dla pozostałych, by nikomu nie zdradzili miejsca jaskini. Nic lepszego nie mógł mnich przewodni zrobić.

Pozostawiono go samego na parę minut, by zdecydował, którego mnicha ma poświęcić, by inni uszli z życiem.

Kiedy opowiadam tę historię moim słuchaczom, robię przerwę, by zadać pytanie:

– No więc, jak myślicie, którego mnicha wybrał?

W tym momencie część widowni przestaje zasypiać, a reszta budzi się. Przypominam im, że był tam przewodni mnich, brat, najlepszy przyjaciel, wróg, stary mnich i chory mnich (obydwaj tuż przed śmiercią) i mnich nieudacznik. Jak myślicie, kogo wybrał?

Niektórzy sugerują wroga.

– Nie – odpowiadam.

– Swojego brata?

– Źle.

Zawsze wskazują mnicha nieudacznika – ależ jesteśmy nieżyczliwi! I dopiero mam ubaw, gdy ujawniam prawdę: mnich przewodni nie był w stanie wybrać.

Jego miłość do brata była dokładnie taka sama, ani mniejsza, ani większa, jak miłość do swojego najlepszego przyjaciela – która była dokładnie taka sama, jak jego miłość do wroga, do starego mnicha, schorowanego mnicha, i nawet do tego starego nieudacznika. Doprowadził on znaczenie tych słów do perfekcji: wrota mojego serca będą stać dla ciebie otworem, cokolwiek byś zrobił, kimkolwiek byś nie był.

Wrota serca mnicha przewodniego były otwarte dla wszystkich, z bezwarunkową, nie wyróżniającą nikogo, łatwo płynącą miłością. A co więcej, jego miłość do innych była równa miłości, jaką darzył siebie. Wrota swego serca miał otwarte także dla siebie. To dlatego nie mógł wybrać pomiędzy sobą a innymi.

Przypominam moim słuchaczom, wyznawcom religii Jezusa, że ich księgi powiadają: „Kochaj bliźniego, jak siebie samego". Nie więcej niż siebie i nie mniej niż siebie, lecz tak samo jak siebie. Oznacza to, by szanować innych tak samo jak siebie samego, a siebie samego jak innych.

Dlaczego najczęściej moim słuchaczom wydaje się, że mnich przewodni powinien skazać siebie na śmierć? Dlaczego w naszej kulturze jest tak, że zawsze poświęcamy się w ofierze dla innych i jest to uważane za właściwe? Dlaczego jesteśmy bardziej wymagający, krytyczni, ganiący wobec siebie niż wobec innych? Jest tak z jednego, jedynego powodu: nie nauczyliśmy się jeszcze kochać samych siebie. Jeśli sprawia ci trudność, by powiedzieć drugiemu „wrota mojego serca są zawsze otwarte dla ciebie, bez względu na to, co zrobisz", jest to niczym w porównaniu z trudnością, z jaką zmagasz się, mówiąc sobie: „Ja. Ktoś, z kim jestem tak blisko od niepamiętnych lat: Ja sam. Wrota mojego serca są otwarte także dla mnie. Dla całego mnie, bez względu na to, co zrobiłem. Zapraszam, wejdź".

To właśnie dla mnie znaczy miłość wobec innych: nazywa się to przebaczeniem. Jest wychodzeniem na wolność z więzienia winy; oznacza bycie w zgodzie z samym sobą. I jeśli zbierzesz się na odwagę, by powiedzieć te słowa do siebie, szczerze, w zaciszu swego wewnętrznego świata, wówczas wzniesiesz się, nie oddalisz, by spotkać idealną miłość. Pewnego dnia każdy z nas musi do siebie powiedzieć te lub podobne słowa, szczerze, bez żadnych wygłupów. Kiedy to zrobimy, to tak, jakby nasza część, do tej pory odrzucana, żyjąca gdzieś na zewnątrz, tak długo pozbawiona ciepła, nagle powróciła do domu. Poczujemy się zjednoczeni całością i otwarci na szczęście. Jedynie wówczas, gdy pokochamy siebie w ten sposób, zrozumiemy, czym jest prawdziwa miłość do drugiego człowieka, ni więcej, ni mniej.

I proszę, zapamiętaj, nie musisz być doskonały, bez wad, by obdarzyć się taką miłością. Jeśli czekasz na doskonałość, ona nigdy nie przybędzie. Musimy otworzyć wrota naszego serca dla nas samych, *bez względu na nasze dotychczasowe czyny*. Kiedy już znajdziemy się wewnątrz, będziemy doskonali.

Ludzie często pytają mnie, co stało się z tymi siedmioma mnichami, gdy przewodni mnich powiedział bandytom, że nie potrafi dokonać wyboru.

Opowieść, jak słyszałem ją wiele lat temu, nic o tym nie mówiła: skończyła się tam, gdzie ja skończyłem[2]. Ale ja wiem, co się później wydarzyło. Domyśliłem się, co musiało z tego wynikać. Kiedy mnich przewodni wytłumaczył bandytom, dlaczego nie potrafi wybrać pomiędzy sobą a innym mnichem, i przedstawił im znaczenie miłości i przebaczenia w taki sposób, jak ja wam to opisałem, wówczas wszystkich bandytów ogarnęło wielkie zdumienie. Byli pod takim wrażeniem, że doznali olśnienia, i nie tylko puścili mnichów wolno, ale też sami zostali mnichami!

Małżeństwo

Do momentu, zanim wstąpiłem do zakonu, byłem kilkukrotnie żonaty.

Częścią mojej pracy, jako mnicha, jest udzielanie posługi religijnej w trakcie buddyjskiej ceremonii zaślubin. Zgodnie z moją buddyjską tradycją, świecki buddysta jest oficjalnym celebrantem ceremonii małżeńskiej, jednak wiele par uważa mnie za kogoś, z kim zawarło małżeństwo. A zatem poślubiłem tym sposobem wiele kobiet i jednocześnie wielu mężczyzn.

Powiada się, że istnieją trzy formy pierścieni małżeńskich: pierścionek zaręczynowy, obrączka ślubna i okowy męczeństwa.

Należy zatem po ślubie spodziewać się kłopotów. Kiedy pojawia się problem, ludzie, z którymi połączyłem się w małżeństwie, przychodzą do mnie na rozmowę. Jako mnich lubiący łatwe życie, przeplatam swoją posługę zawarcia małżeństwa następnymi opowieściami, by tak naprawdę uchronić nas od kłopotów tak długo, jak to tylko możliwe.

Oddanie

Mam następujący pogląd i stosunek wobec małżeństwa: kiedy para spotyka się na randkach, są naprawdę zaangażowani; kiedy się zaręczają, są nadal tylko zaangażowani, może tylko trochę bardziej; kiedy oficjalnie składają sobie przysięgę, to już jest oddanie.

Znaczeniem ceremonii małżeństwa jest oddanie. By wbić ludziom na zawsze do głowy, co to znaczy, w trakcie ceremonii tłumaczę, że różnica pomiędzy zaangażowaniem, a oddaniem jest taka sama, jak pomiędzy szynką, a jajkami.

W tym miejscu, krewni i przyjaciele zaczynają poważnie myśleć. Zaczynają zastanawiać się: „Co mają wspólnego jajka i szynka z małżeństwem?”. Wyjaśniam dalej.

– Co do jajek i szynki: kura się tylko angażuje, natomiast świnia zostaje poświęcona. Niech to zatem będzie świńskie małżeństwo.

Kogut i kaczka

Była to ulubiona opowieść mojego nauczyciela, Ajahna Chah'a mieszkającego w północno-wschodniej Tajlandii.

Pewnego pięknego poobiedniego popołudnia, świeżo poślubieni małżonkowie poszli sobie na spacer do lasu. Tak im było razem dobrze, aż tu nagle usłyszeli w oddali głos: „Kwa!”, „Kwa!”.

– Posłuchaj – powiedziała żona – to musi być kogut.

– Nie, nie. To była kaczka – powiedział mąż.

– Nie, jestem pewna, że to był kogut – powiedziała ona.

– Niemożliwe. Koguty robią „Kuku-rykuu!", a kaczki "Kwa! Kwa!". To kaczka, kochanie – powiedział, z oznaką irytacji w głosie.

– Kwa! Kwa – powtórzyło się znowu.

– Widzisz! To kaczka – powiedział.

– Nie skarbie. To kogut. Jestem przekonana – uparcie obstawała przy swoim.

– Posłuchaj żono! To... jest... kaczka. KA-ACZKA-A, kaczka! Rozumiesz! – rzekł ze złością.

– Ale to jest kogut – zaprotestowała.

– To jest cholerna kaczka, ty, ty…

I znowu pojawiło się „Kwa!", „Kwa!", zanim zdążył jeszcze powiedzieć coś, czego nie powinien.

Żona niemal się rozpłakała.

– Ale to jest kogut.

Mąż zobaczył w oczach żony łzy i, w końcu, przypomniał sobie, dlaczego ją poślubił. Twarz mu złagodniała i delikatnie rzekł:

– Przepraszam, kochanie. Myślę, że masz rację. To jest kogut.

– Dziękuję, kochanie – powiedziała i uścisnęła go za rękę.

– Kwa! Kwa! – dobiegało zza drzew, jak spacerowali razem pogrążeni w miłości.

Sednem historii, które dojrzał mąż, było to, że obojętne jest, czy to kogut, czy kaczka. Znacznie ważniejsza była wzajemna harmonia między nimi, dzięki której mogli cieszyć się wspólnym spacerem tak pięknego letniego wieczora. Ileż to małżeństw rozpadło się z powodu głupich błahostek? Przy ilu rozwodach mamy do czynienia z „kogutem i kaczką".

Kiedy zrozumiemy tę historię, zapamiętamy, jakie mamy priorytety. Małżeństwo jest znacznie ważniejsze, niż przyznanie nam racji, czy to jest kogut, czy kaczka. Tak czy inaczej, jak często byliśmy absolutnie, zupełnie i całkowicie przekonani, że mamy rację, żeby tylko za chwilę dowiedzieć się, że byliśmy w błędzie? Któż to wie? Być może był to genetycznie zmodyfikowany kogut, wydający głos kaczki!

(Przez wzgląd na równość gatunku i kontemplacyjne życie, które prowadzę jako mnich, za każdym razem, gdy opowiadam tę historię, przechodzę raz na stronę tego, co jest za „kogutem", a raz na stronę tego, co jest za „kaczką").

Wdzięczność

Kilka lat temu po pewnej ceremonii zawarcia małżeństwa w Singapurze, ojciec panny młodej wziął na stronę swojego nowego zięcia, by dać mu klika rad, jak zachować długie i szczęśliwe małżeństwo.

– Z pewnością bardzo kochasz moją córkę – rzekł do młodego mężczyzny.

– Och tak – westchnął młodzieniec.

– I z pewnością uważasz, że jest najwspanialszą osobą na świecie – kontynuował starszy mężczyzna.

– Jest tak doskonała, zawsze i w każdym calu – zachwycał się młodzieniec.

– Tak to wygląda, gdy się pobieracie – powiedział starszy mężczyzna. – Ale po kilku latach zaczniesz dostrzegać w mojej córce wady. Kiedy już zaczniesz zauważać jej wady, proszę cię, byś coś sobie zapamiętał. Jeśli nie miałaby tych wad, od samego początku, mój zięciu z pewnością poślubiłaby kogoś o wiele lepszego od ciebie!

A zatem, powinniśmy być wdzięczni za wady u naszego partnera, ponieważ jeśli nie miałby tych wad od samego początku, mógłby poślubić kogoś innego, znacznie lepszego od nas.

Romantyczna miłość

Kiedy jesteśmy zakochani, widzimy tylko „dobre cegły" w murze naszego partnera. Ponieważ tylko to chcemy widzieć, tylko to widzimy. Oszukujemy się. Później, gdy idziemy do swojego adwokata, by wnieść o rozwód, w murze naszego partnera widzimy już tylko złe cegły. Jesteśmy ślepi na jakiekolwiek zalety, które są rekompensatą. Nie chcemy ich widzieć, więc nie widzimy ich. Znowu popadamy w zakłamanie.

Dlaczego romanse zdarzają się w nocnym klubie, gdy światło jest przyciemnione lub w trakcie intymnej kolacji przy świecach, lub nocą przy świetle księżyca? A to dlatego, że w takich sytuacjach nie możesz widzieć wszystkich jej piegów czy jego sztucznej szczęki. Ale w blasku świec, puszczamy wodze wyobraźni marząc, że dziewczyna, siedząca obok, mogłaby być supermodelką, czy mężczyzna ma wygląd gwiazdy filmowej. Uwielbiamy fantazjować i marzymy, by kochać. Przynajmniej powinniśmy wiedzieć, co takiego robimy.

Mnichów nie interesują romanse przy świecach. Zajmują się zapalaniem świateł rzeczywistości. Jeśli masz ochotę pomarzyć, nie przychodź do zakonu. W czasie mojego pierwszego roku pracy jako mnich w północno-zachodniej Tajlandii, podróżowałem samochodem, siedząc z tyłu z dwoma innymi mnichami, przybyłymi z Zachodu oraz z Ajahnem Chahem, moim nauczycielem, siedzącym na przednim siedzeniu. Ajahn Chah nagle odwrócił się i spojrzał na młodego Amerykanina, nowicjusza, siedzącego obok mnie i potem powiedział coś po tajsku. Trzeci mnich z Zachodu w naszym samochodzie znał biegle tajski i przetłumaczył nam:

– Ajahn Chah mówi, że myślisz o swojej dziewczynie, która została w Los Angeles.

Młodemu nowicjuszowi z Ameryki opadła szczęka ze zdziwienia. Ajahn Chah czytał mu w myślach – precyzyjnie. Ajahn Chah uśmiechnął się, a jego następne słowa, po przetłumaczeniu brzmiały:

– Nie przejmuj się. Uporamy się z tym. Następnym razem, gdy będziesz do niej pisał, poproś ją, by przysłała ci coś osobistego. Coś, z czym wiążą ją intymne więzi, na co zawsze będziesz mógł spojrzeć, gdy tylko za nią zatęsknisz, co będzie ci ją przypomniało.

– Czy jest to dozwolone mnichowi? – zapytał zaskoczony nowicjusz.

– Oczywiście – powiedział Ajahn Chah.

Być może mnisi mimo wszystko jednak rozumieją, czym jest romans.

Wymagało dłuższej chwili, by można było przetłumaczyć następne słowa Ajahna Chaha. Nasz tłumacz musiał opanować śmiech, żeby najpierw dojść do siebie.

– Ajahn Chah mówi... – ubawiwszy się do łez, z trudnością wydobywał słowa, ocierając oczy. – Ajahn Chah mówi, że powinieneś poprosić ją, by przysłała ci słoik z jej gównem. Wówczas, gdy tylko za nią zatęsknisz, możesz wyjąć słoik i otworzyć!

Nie da się ukryć, jest to coś osobistego. A jeśli wyrażamy naszą miłość partnerowi, czyż nie mówimy, że kochamy wszystko, co się z nim wiąże? Tę samą radę można dać każdej mniszce czy zakonnicy, która tęskni za swoim chłopakiem.

Jak już powiedziałem, jeśli zamarzy ci się romans, trzymaj się z dala od klasztoru.

Prawdziwa miłość

Problem z romansem tkwi w tym, że jeśli czar pryśnie, możemy doznać bolesnego rozczarowania. W romantycznej miłości, tak naprawdę nie kochamy swego partnera, kochamy jedynie sposób, w jaki się przy nim czujemy. W jego obecności mamy „odlot" i to jest to, co kochamy. To dlatego, kiedy ukochanego nie ma, tęsknimy za nim prosząc o przysłanie słoiczka z... (zobacz poprzednią historię). Jak wiele „odlotów" po chwili przechodzi.

Prawdziwa miłość, to miłość bezinteresowna. Dbamy tylko o tę drugą osobę. Mówimy im: „Wrota mojego serca są zawsze dla ciebie otwarte, niezależnie od tego, co zrobisz" i rzeczywiście tak myślimy. Po prostu chcemy ich szczęścia. Prawdziwa miłość to rzadkość.

Wielu z nas chce myśleć, że nasz wyjątkowy związek to prawdziwa miłość, a nie miłość romantyczna. Mam dla was test, którym sprawdzicie, jaki to rodzaj miłości.

Pomyślcie o swoim partnerze. Wyobraźcie go sobie. Przypomnijcie sobie waszą pierwsza randkę i cały ten cudowny czas, którym cieszyliście się od tamtej pory. A teraz wyobraźcie sobie, jak otrzymujecie list od swojego partnera. Czytasz w nim, że zakochał się w twojej najlepszej przyjaciółce i obydwoje uciekli, żeby razem spędzić życie. Co byś czuła?

Jeśli była to prawdziwa miłość, czulibyście się niezmiernie podekscytowani, że wasz partner znalazł kogoś jeszcze lepszego od was i teraz jest jeszcze bardziej szczęśliwy. Bylibyście zachwyceni, że wasz partner i najlepsza przyjaciółka tak wspaniale bawią się razem. Bylibyście wniebowzięci, że się kochają. Czyż szczęście waszego partnera nie jest najważniejsze w przypadku prawdziwej miłości?

Prawdziwa miłość to rzadkość.

Królowa patrzyła z pałacowego okna na Buddę, żebrzącego o jałmużnę. Zobaczył to król i poczuł się zazdrosny o jej umiłowanie do wielkiego mnicha. Stanął twarzą w twarz ze swoją królową i zażądał, by powiedziała mu, kogo bardziej kocha, Buddę czy swojego męża? Była wiernym uczniem Buddy, ale wówczas wymagało to wielkiej ostrożności, jeśli twój mąż był królem. Gdy traciłaś głowę oznaczało, że NAPRAWDĘ ją traciłaś. Trzymając głowę na karku, odpowiedziała szczerze do bólu:

– Kocham siebie więcej niż was obydwu[3].

Strach i ból

Uwolnienie się od strachu

Gdy wina patrzy na mur naszej przeszłości i widzi jedynie dwie felerne cegły, które w nim ułożyliśmy, to wówczas strach przygląda się murowi naszej przyszłości i widzi jedynie to, co może pójść źle. Jeśli jesteśmy oślepieni strachem, wówczas nie możemy widzieć pozostałej części muru, który zrobiony jest z tego, co mogłoby się powieść. Receptą na pokonanie naszego strachu jest dostrzeganie muru w całości, co pokazuje następna opowieść z moich ostatnich prelekcji wyjazdowych po Singapurze.

Cykl moich czterech prelekcji został zaplanowany wiele miesięcy wcześniej, zarezerwowano wielką i bardzo drogą salę na 2500 miejsc w Suntec City w Singapurze, na przystankach autobusowych porozwieszano plakaty. A tu nagle pojawił się kryzys z SARS (Severe Acute Respiratory Syndrome – z ang. Zespół ostrej niewydolności oddechowej, przyp. tłumacza). Kiedy przyleciałem do Singapuru, wszystkie szkoły były pozamykane, w blokach komunalnych zarządzono kwarantannę, a władze doradzały mieszkańcom, by nie uczestniczyli w żadnych publicznych zgromadzeniach. W tym czasie panował ogromny strach. Zapytano mnie:

– Czy powinniśmy to odwołać?

Tamtego ranka nagłówki pierwszych stron gazet ostrzegały czarno na białym, że u dziewięćdziesięciu dziewięciu mieszkańców Singapuru potwierdzono SARS. Zapytałem, ilu mieszkańców liczyła wówczas populacja Singapuru. Około czterech milionów.

– A zatem – zauważyłem – oznacza to, że 3 999 901 Singapurczyków nie ma SARS! Kontynuujemy!

– A co będzie, gdy ktoś złapie SARS? – mówił strach.

– A co będzie, jeśli nie? – mówił rozsądek. A rozsądek miał po swojej stronie większe prawdopodobieństwo.

I tak rozpoczęły się prelekcje. Pierwszego wieczoru przyszło półtora tysiąca osób i liczba słuchaczy stopniowo rosła, aż do czwartego wykładu, przy całkowicie zapełnionej widowni. W prelekcjach uczestniczyło około 8000 osób. Nauczyli się, jak pokonywać irracjonalny strach i zrozumieli, że pozwoli im to wzmocnić swoją odwagę w przyszłości. Czerpali przyjemność ze spotkań i opuszczali je zadowoleni, co oznaczało, że ich walczący z wirusami system immunologiczny został wzmocniony. A także, co zawsze podkreślałem na koniec każdej prelekcji, ponieważ śmiali się z moich zabawnych opowiadań, ćwiczyli płuca, czym wzmacniali swój układ oddechowy. Oczywiście, żadna z osób obecnych na moich prelekcjach, nie zachorowała na SARS.

Możliwości na przyszłość są nieograniczone. Kiedy skupiamy się na przypuszczalnych niepowodzeniach, nazywają to strachem. Kiedy pamiętamy o innych możliwościach, które zazwyczaj są bardziej prawdopodobne, nazywają to wolnością, czy też uwalnianiem się od strachu.

Przewidywanie przyszłości

Ludzie w większości chcieliby poznać przyszłość. Niektórzy są na tyle niecierpliwi, by poczekać co się wydarzy, więc korzystają z usług wyroczni i wróżek. Mam dla ciebie ostrzeżenie w sprawie rozmaitych wyroczni: nigdy nie wierz biednym wróżbiarzom!

Medytujący mnisi uważani są za biegłych w przepowiadaniu przyszłości, ale współpraca z nimi jest niełatwa. Pewnego dnia wierny uczeń Ajahna Chaha, z długim już stażem, poprosił wielkiego mistrza, by przepowiedział mu przyszłość. Ajahn Chah odmówił: porządni mnisi nie zajmują się wróżbiarstwem. Ale uczeń nalegał. Przypomniał Ajahnowi Chahowi o tym, jak często dawał mu jałmużnę, jak często otrzymywał od niego subwencje na zakon, i jak często służył Ajahnowi Chahowi za szofera i to nie tylko w swoim samochodzie, i za własne pieniądze, nie mówiąc już o swojej pracy i rodzinie. Ajahn Chah zobaczył determinację tego człowieka, jak bardzo pragnie on poznać własną przyszłość, więc odparł, że postanowi zrobić wyjątek od obowiązującej zasady niewróżenia.

– Daj mi rękę. Niech zobaczę twoją dłoń.

Uczeń był pod wrażeniem. Ajahn Chah nigdy nie czytał z dłoni żadnemu uczniowi. To było coś nadzwyczajnego. Ponadto Ajahna Chaha uważano za świętego, o wielkich nadprzyrodzonych zdolnościach. Wszystko, co powiedział Ajahn Chahn, zawsze się sprawdzało. Ajahn Chah wodził po liniach na dłoni ucznia swoim palcem wskazującym. Często mówił pod nosem: „O, to ciekawe", lub „No, no, no", „Niesamowite". Biedny uczeń niemal umierał z ciekawości.

Kiedy Ajahn Chah skończył, wypuścił dłoń ucznia i rzekł do niego:

– Uczniu, oto, jak jawi się twoja przyszłość.

– Tak, tak – natychmiast powiedział uczeń.

– A ja nigdy się nie mylę – dodał Ajahn Chah.

– Wiem, wiem. A zatem. Jaka będzie moja przyszłość? – powiedział uczeń, a jego emocje sięgały zenitu.

– Twoja przyszłość będzie niepewna – powiedział Ajahn Bhah. I nie mylił się!

Hazard

Pieniądze trudno zgromadzić, a łatwo stracić – a najłatwiejszym sposobem, by je stracić, jest hazard. Wszyscy hazardziści, to i tak w ostatecznym rozrachunku przegrani. A jednak ludzie lubią przewidywać przyszłość, dlatego mogą zbić fortunę, uprawiając hazard. Opowiadam następne dwie historie, by pokazać im, jak niebezpieczne jest przewidywanie przyszłości, nawet gdy mamy ku temu jakieś przesłanki.

Pewnego dnia przyjaciel przebudził się ze snu, który był tak realistyczny, że niemal prawdziwy. Śniło mu się, że pięć aniołów dało mu pięć wielkich dzbanów złota wartego fortunę. Kiedy otworzył oczy, w pokoju nie było ani żadnych aniołów, ani żadnych dzbanów złota. Ale sen należał do bardzo osobliwych.

Kiedy udał się do kuchni zobaczył, że żona usmażyła mu na śniadanie pięć jajek i podała na pięciu tostach. Zauważył datę porannej gazety, piąty maja (piąty miesiąc). Działo się coś dziwnego. Przerzucił gazetę, zatrzymując się na ostatnich stronach z wyścigami konnymi. Zamurowało go, jak zobaczył, że w Ascot (pięć liter) w gonitwie numer pięć, koń numer pięć miał imię… Pięć Aniołów! Ten sen to był omen.

Wziął sobie wolne popołudnie. Wyciągnął z konta pięć tysięcy dolarów. Poszedł na tor wyścigowy dla koni, do piątego bukmachera i zrobił zakład: pięć tysięcy dolarów na wygraną konia numer pięć, w gonitwie numer pięć, na konia Pięć Aniołów. Taki sen nie mógł się nie spełnić. Szczęśliwy numer pięć nie mógł być pomyłką. Sen nie był pomyłką. Koń miał piątkę.

Druga historia zdarzyła się kilka lat temu w Singapurze. Pewien Australijczyk poślubił uroczą Chinkę z Singapuru. Pewnego razu, kiedy odwiedzali rodzinę w Singapurze, jego szwagrowie wybierali się na popołudniowe wyścigi konne i zaprosili go, by z nimi poszedł. Zgodził się. Ale zanim dotarli na tor, nalegali, by wstąpić do słynnej buddyjskiej świątyni i zapalić tam kadzidełka, modląc się w intencji za wygraną. Kiedy przybyli do niewielkiej świątyni, zobaczyli panujący tam nieporządek. Wzięli szczotki, mopa, trochę wody i wypucowali całą świątynię. Potem zapalili swoje trociczki, poprosili o sprzyjające szczęście i wyszli, udając się prosto na tor. Wszyscy przegrali z kretesem.

Tej nocy Australijczyk miał sen o wyścigach konnych. Po przebudzeniu doskonale pamiętał imię zwycięskiego konia. Kiedy zobaczył w gazecie *Straits Times*, że rzeczywiście w popołudniowej gonitwie ścigał się koń o tym imieniu, zadzwonił do szwagrów, by podzielić się tą nowiną. Nie uwierzyli, że chiński duch strzegący singapurskiej świątyni mógłby powiedzieć białemu człowiekowi imię zwycięskiego konia, więc zignorowali jego sen. On poszedł na tor. Postawił znaczną sumę na rzeczonego konia. Koń wygrał.

Chińskie świątynne duchy niewątpliwie muszą lubić Australijczyków. Jego szwagrowie byli wściekli.

Czym jest strach?

Strach jest krytykowaniem przyszłości. Gdybyśmy tylko potrafili wbić sobie na stałe do głowy, jak niepewna jest nasza przyszłość, wówczas nigdy nie próbowalibyśmy przewidywać, co może nam się nie udać. Strach kończy się dokładnie w tym miejscu.

Kiedy byłem mały, panicznie bałem się dentysty. Miałem umówioną wizytę i nie chciałem iść. Istna głupota. Kiedy przybyłem do dentysty, powiedziano mi, że moja wizyta została odwołana. Zrozumiałem, jaką stratą cennego czasu jest strach.

Strach przenika niepewność jutra. Lecz jeśli nie wykorzystamy naszej mądrości, strach może przeniknąć nas. O mało co nie dosięgnął i przeniknął pewnego nowicjusza, młodego mnicha buddyjskiego o przydomku Little Grasshopper (Mały Pasikonik) ze starego serialu telewizyjnego zatytułowanego *Kung Fu*. W ostatnim roku mojej nauczycielskiej pracy w szkole, zanim jeszcze zostałem mnichem, oglądałem ten serial namiętnie.

Pewnego dnia niewidomy mistrz Małego Pasikonika zabrał swojego nowicjusza do pomieszczenia na zapleczu świątyni, które zwykle było zamknięte. Pomieszczenie miało kryty basen, szeroki na jakieś sześć metrów, z wąską drewnianą kładką, służącą za mostek łączący przeciwległe strony basenu. Mistrz ostrzegł Małego Pasikonika, by trzymał się z dala od brzegów basenu, ponieważ nie ma w nim wody, tylko bardzo mocny kwas.

– W ciągu siedmiu dni – usłyszał Pasikonik – będziesz poddawany próbom. Będziesz musiał przejść na drugą stronę basenu wypełnionego kwasem, balansując i utrzymując równowagę na kładce. Ale uważaj! Czy widzisz te kości poniewierające się tam na dnie zbiornika z kwasem?

Pasikonik zerknął ostrożnie za brzeg i zobaczył mnóstwo kości.

– To kości młodych nowicjuszy, takich jak ty.

Mistrz wyprowadził Pasikonika z tego mrożącego krew w żyłach pomieszczenia na słoneczne podwórze świątyni. Tam, starsi mnisi ustawili deskę o identycznych rozmiarach, co kładka nad zbiornikiem z kwasem, tyle tylko, że na dwóch cegłach. Przez następne siedem dni Pasikonik nie miał żadnych innych obowiązków, jak tylko ćwiczyć chodzenia po desce.

To było łatwe. W ciągu kilku dni potrafił już utrzymać równowagę na desce, przemierzając ją nawet z zawiązanymi oczami. Wreszcie nadszedł dzień próby.

Mały Pasikonik został zaprowadzony przez swego mistrza do pomieszczenia z basenem wypełnionym kwasem. Na dnie fosforyzowały kości nowicjuszy, którzy stracili równowagę. Pasikonik stanął na jednym końcu kładki i spojrzał na mistrza.

– Idź – usłyszał.

Deska nad basenem okazała się o wiele węższa niż deska tych samych rozmiarów na świątynnym podwórzu. Pasikonik zaczął iść, chód miał niepewny, zaczął się chwiać. Nie dotarł jeszcze do połowy drogi. Chwiał się coraz bardziej, jakby zaraz miał wpaść do kwasu. I tu nagle przerwa na reklamę.

Musiałem znosić te kretyńskie reklamy, cały czas martwiąc się, jak biedaczysko, Mały Pasikonik, uratuje swoje kości.

Reklamy skończyły się i znowu byliśmy w pomieszczeniu z basenem wypełnionym kwasem, z Pasikonikiem zaczynającym tracić pewność siebie. Widziałem jak stawiał niepewny krok. Wtem zachwiał się. Potem wpadł do środka!

Stary niewidomy mistrz zaśmiał się, słysząc plusk wpadającego do basenu Młodego Pasikonika. To nie był kwas; to była tylko woda. Wrzucono stare kości dla „efektów specjalnych". Zadrwili z Małego Pasikonika, tak, jak zadrwili i ze mnie.

– Co spowodowało, że wpadłeś do środka? – zapytał poważnie mistrz. – Strach spowodował, że wpadłeś do środka, Mały Pasikoniku, jedynie sam strach.

Strach przed publicznymi wystąpieniami

Powiedziano mi, że jednym z największych lęków, z jakimi zmagają się ludzie, jest lęk przed wystąpieniami publicznymi. Byłem zmuszony do wielu wystąpień publicznych, i w klasztorach, i na konferencjach, na ślubach i pogrzebach, w audycjach radiowych i programach telewizyjnych na żywo. To część mojej pracy. Pamiętam jedną sytuację, jak na pięć minut przed wystąpieniem, sparaliżował mnie strach. Nie byłem przygotowany i miałem kompletną pustkę w głowie. Na sali siedziało około trzystu osób w oczekiwaniu na moje inspirujące słowa. Poświęcili swój wieczór, by przyjść mnie posłuchać. Zacząłem tak sobie myśleć: „Co będzie, jeśli nie wymyślę niczego, co mógłbym powiedzieć? Co będzie, jeśli się pomylę? Co będzie, jeśli się ośmieszę?".

Wszelki strach zaczyna się w momencie, gdy zaczynamy krakać, „co będzie, jeśli" i przeradza się w coś graniczącego niemal z katastrofą. Przepowiadałem przyszłość, z negatywnym nastawieniem. Byłem głupi. Wiedziałem, że jestem głupi. Znałem całą tę teorię, ale ona nie działała. Ogarniał mnie coraz większy strach. Byłem w tarapatach.

Tego wieczoru wymyśliłem sztuczkę, którą w naszej gwarze mnichów nazywamy „wytrychem", dzięki któremu pokonałem wówczas mój lęk i od tego momentu się sprawdza. Doszedłem do wniosku, że nieważne, czy moja publiczność będzie zadowolona, czy nie, dopóki tylko ja mam z tego radość. Postanowiłem dobrze się bawić.

Obecnie, zawsze, gdy mam wykład, czerpię z tego przyjemność. Dobrze się bawię. Opowiadam śmieszne historie, często żartuję z siebie i śmieję się wraz z widownią. W radiu „na żywo" w Singapurze mówiłem o proroctwach Ajahna Chaha na temat waluty przyszłości. (Singapurczycy interesują się narzędziami ekonomii).

Ajahn Chah przewidział, że w przyszłości zabraknie na świecie papieru do drukowania banknotów i metalu do bicia monet, więc ludzie będą zmuszeni wymyślić coś w zamian do realizowania codziennych transakcji handlowych. Wieścił, że będą używać jako pieniędzy małych palet z kurzego łajna. Banki pełne będą czegoś takiego, a złodzieje będą chcieli to ukraść. Bogaci ludzie będą dumni z posiadania jak największej masy łajna kurzego, a biedni będą marzyć o wygraniu kupy łajna kurzego na loterii. Wszystkie rządy ponad miarę będą skupiać się w swoich krajach na sprawach wokół kurzego łajna, a kwestie środowiska i społeczne będą odsuwane na dalszy plan, aż do momentu, gdy ilość kurzego łajna będzie w danym kraju wystarczająca.

Jaka jest zasadnicza różnica między banknotami, monetami i kurzym łajnem? Żadna.

Uwielbiałem opowiadać tę historię. Pokazuje żałosny obraz naszej kultury. I to jest zabawne. A Singapurczycy uwielbiają jej słuchać.

Odkryłem kiedyś, że jeśli postanowisz bawić się w trakcie własnego wystąpienia publicznego, wówczas jesteś odprężony. Z psychologicznego punktu widzenia, jest to możliwe: czujesz strach i jednocześnie dobrze się bawisz. Kiedy jestem odprężony, w czasie mojego wystąpienia łatwo przychodzą mi do głowy różne myśli, które gładko i potoczyście wypływają mi z ust. Ponadto, słuchacze się nie nudzą, gdy jest wesoło.

Kiedyś, pewien tybetański mnich wyjaśnił, dlaczego tak ważne jest, by rozśmieszyć słuchaczy podczas wykładu.

– Kiedy otworzą usta – powiedział – wówczas możesz wrzucić im pigułkę mądrości!

Nigdy nie przygotowuję swoich prelekcji. Zamiast tego, przygotowuję swe serce i umysł. W Tajlandii szkoli się mnichów, by nigdy nie przygotowywali swoich wykładów, ale żeby w każdej chwili i bez uprzedzenia byli przygotowani, by je wygłosić.

Zdarzyło się to w czasie trwania Magha Pudży, drugiego co do ważności festiwalu buddyjskiego w Tajlandii. Przebywałem w zakonie Ajahn Chaha, Wat Nong Pah Pong wraz z około dwustoma mnichami i setkami świeckich. Ajahn Chah był bardzo znany; był to mój piąty rok posługi zakonnej.

Po wieczornej celebracji, była pora na główny wykład. Ajahn Chah zazwyczaj miewał wykład z okazji tak poważnego wydarzenia, ale nie było to regułą. Czasami lustrował mnichów stojących w rzędzie i jeśli jego wzrok zatrzymał się na tobie, wówczas byłeś ugotowany. Prosił cię o odprawienie ceremonii. Byłem bardzo młodym mnichem w porównaniu do wszystkich wokół, jednak nikt nie mógł być pewien, co wymyśli Ajahn Chah.

Ajahn Chah wodził oczami po sytlwetkach mnichów stojących w rzędzie. Jego wzrok sięgnął mnie, ale pominął. Cicho westchnąłem z ulgą. Wtedy ponownie podniósł wzrok na stojących mnichów. Zgadnij, gdzie się zatrzymał?

– Brahm – zarządził Ajahn Chah – wygłosisz główne kazanie.

Nie było wyjścia. Musiałem wygłosić jednogodzinny wykład bez przygotowania i w dodatku po tajsku, przed moim nauczycielem, mnichami towarzyszami i tysiącami świeckich ludzi. Nieważne, czy kazanie było dobre, czy złe. Liczyło się tylko, że wygłosiłem je ja.

Ajahn Chah nigdy nie mówił, czy wykład był dobry, czy nie. Nie o to chodziło. Kiedyś kazał młodemu mnichowi z Zachodu, niezwykle zresztą zdolnemu, wygłosić kazanie do ludzi, którzy zgromadzili się w jego świątyni zakonnej na cotygodniowe nabożeństwo. Po godzinie mnich chciał zakończyć po tajsku. Ajahn Chah przerwał mu i nakazał mu jeszcze jedną godzinę wykładu. To było trudne. Jednak zrobił to. Kiedy zbliżał się do zakończenia, wyczerpany drugą godziną tajskiego, Ajahn Chah rozkazał mu wygłosić następną godzinę kazania. To było niemożliwe. Ludzie z Zachodu nie znają tak dobrze tajskiego. W rezultacie w kółko się powtarzasz. Ludzie się nudzą. Ale nie było wyboru. Pod koniec trzeciej godziny, wiele osób poodchodziło, a ci, którzy jeszcze zostali, rozmawiali między sobą. Nawet moskity i jaszczurki murowe poszły spać. Pod koniec trzeciej godziny, Ajahn Chah nakazał następną godzinę! Zachodni mnich posłuchał. Powiedział, że po takim doświadczeniu (a kazanie zakończyło się po czterech godzinach), kiedy słuchacze przestali kompletnie na ciebie reagować, już nigdy więcej nie będziesz bał się przemawiać publicznie.

W ten właśnie sposób szkolił nas wielki Ajahn Chah.

Strach przed bólem

Strach jest głównym składnikiem bólu. Sprawia, że ból rani. Wyrzuć strach, a pozostanie tylko odczucie. Działo się to w połowie lat siedemdziesiątych dwudziestego wieku, w biednym i sławnym zakonie tradycji leśnej w północno-wschodniej Tajlandii, gdzie bardzo rozbolał mnie ząb. W pobliżu nie było żadnego dentysty ani telefonu, ani prądu. Nie mieliśmy nawet aspiryny czy paracetamolu w apteczce. Od mnichów tradycji leśnej oczekuje się wytrzymałości.

Późnym wieczorem, jak to zawsze z chorobą bywa, ból stopniowo narastał. Uważałem się raczej za mnicha twardziela, ale ten ból doprowadzał mnie na skraj mojej wytrzymałości. Miałem połowę twarzy zesztywniałą z bólu. Był to zdecydowanie najgorszy ból zęba, jakiego doświadczyłem w życiu i od tamtej pory jedyny. Próbowałem uciec od bólu przy pomocy oddechowej medytacji. Nauczyłem się skupiać na oddechu, kiedy gryzły komary. Czasami doliczyłem się ich na moim ciele czterdziestu naraz i potrafiłem przezwyciężyć jedno odczucie drugim. Ale ten ból był wyjątkowy. Wypełniałem mój umysł wczuwaniem się w oddech zaledwie przez parę sekund, a wtem momentalnie ból kopał w bramy mojego umysłu, które zamknąłem, wpadając do środka jak oszalały.

Wstałem, wyszedłem na zewnątrz i próbowałem medytacji chodzonej. Wkrótce i tu się poddałem. Nie była to medytacja „chodzona", była to medytacja „biegana". Po postu nie mogłem iść wolno. Ból przejął kontrolę nade mną, zmuszał mnie do biegu. Ale nie było dokąd uciekać. Przeżywałem męki Tantala. Zbliżałem się do szaleństwa.

Wbiegłem z powrotem do mojego szałasu, usiadłem i zacząłem mantrować. Uważa się, że recytacje buddyjskie mają wyjątkowo silną moc. Mogą przynieść ci szczęście, odpędzić groźne zwierzęta i wyleczyć chorobę czy ból – tak się mówi. Nie wierzyłem w to. Miałem naukowe wykształcenie. Magiczne śpiewy, to był dla mnie hokus-pokus, jedynie dla naiwniaków. Jednak zacząłem mantrować, mając nadzieję, zupełnie zresztą irracjonalnie, że to zadziała. Było mi wszystko jedno. Wkrótce i to musiałem przerwać. Zdałem sobie sprawę, że wykrzykuję słowa, wrzeszczę je. Było bardzo późno i obawiałem się, że mogę obudzić innych mnichów. To, jak dobywałem z siebie poszczególne wersy, rycząc wniebogłosy, mogłoby obudzić całą wioskę kilka kilometrów dalej! Potężna siła bólu nie pozwalała mi mantrować normalnie.

Byłem sam, tysiące kilometrów od rodzinnego kraju, w odległej dżungli bez żadnych wygód i mediów, w bólu będącym nie do zniesienia, bez możliwości ucieczki. Próbowałem wszystkiego, co znałem. Wszystkiego. Po prostu nie mogłem wytrzymać. Tak to właśnie wyglądało.

Chwila czystej rozpaczy, jak ta, otwiera wrota mądrości, wrota, których nigdy nie widzimy w codziennym życiu. Wtedy otworzyły się przede mną takie wrota i przeszedłem przez nie. Szczerze mówiąc, nie było alternatywy.

Pamiętam te krótkie słowa „uwolnić się"/"odpuścić". Słyszałem je wielokrotnie. Tłumaczyłem ich znaczenie przyjaciołom. Wydawało mi się, że wiem co one znaczą. To było złudzenie. Chciałem spróbować wszystkiego, więc próbowałem „uwolnić się"/„odpuścić", odpuścić w stu procentach. Po raz pierwszy w życiu „uwolniłem się"/„odpuściłem ".

To, co nastąpiło potem, zdumiało mnie ogromnie. Ten straszny ból natychmiast ustąpił. Jego miejsce zajęła przemiła rozkosz. Moje ciało przenikał przyjemny dreszcz, fala za falą. W moim umyśle zagościł głęboki spokój, tak błogi i tak wspaniały. Teraz łatwo wchodziłem w stan medytacji, bez żadnego wysiłku. O świcie, po zakończeniu codziennej medytacji, położyłem się, by odpocząć. Spałem mocno, spokojnie. Kiedy się obudziłem i miałem rozpocząć swoje obowiązki zakonne, odczuwałem jeszcze ból zęba, ale był on nieporównywalny do tego z poprzedniej nocy.

Uwalnianie bólu

W poprzedniej historii mówiłem o strachu przed bólem zęba, który uwolniłem. Przywitałem ten ból, przyjąłem i pozwoliłem mu istnieć. To dlatego ustąpił.

Wielu z moich przyjaciół dręczonych wielkim bólem próbowało tej metody, ale nie skutkowała! Przychodzili do mnie na skargę, mówiąc, że mój ból zęba był pestką w porównaniu z ich cierpieniem. To nieprawda. Ból, to odczucie subiektywne i nie może być „mierzalny". Tłumaczyłem im, dlaczego uwalnianie bólu w ich przypadku nie zadziałało, posługując się tym oto opowiadaniem o moich trzech uczniach.

Pierwszy uczeń, cierpiąc z bólu, próbuje się uwolnić.

– Odejdź – delikatnie sugerował, i czekał.

– Puszczaj! – powtarzał, gdy nic się nie zmieniało.

– Po prostu odejdź!

– No, już, daj spokój.

– Mówię ci, puść!

– WYNOCHA!

Może nam wydać się zabawne, ale tak właśnie zazwyczaj robimy. Uwalniamy nie to, co trzeba. Powinniśmy uwalniać słowami: „Odejdź". Powinniśmy uwalniać się od „maniaka, który nami rządzi" i wszyscy wiemy, co to jest. Uwalnianie oznacza „brak nadzoru".

Drugi uczeń, w wielkim bólu pamięta tę radę i odrzuca nadzór. Siedzi w cierpieniu, zakładając, że uwalnia się. Po dziesięciu minutach ból wciąż jest taki sam, więc narzeka, że uwalnianie nie działa. Wyjaśniam mu, że uwalnianie nie jest sposobem pozbywania się bólu.

Jest to metoda, pozwalająca uwolnić się od bólu. Drugi uczeń próbował czegoś w tym rodzaju:

– Będę uwalniał cię przez dziesięć minut, a ty bólu, znikniesz. W porządku?

Nie jest to uwalnianie od bólu, jest to próba pozbycia się bólu.

Trzeci uczeń, cierpiąc potwornie, zwraca się do bólu jakoś tak:

– Bólu, wrota mojego serca stoją dla ciebie otworem, czegokolwiek byś mi nie zrobił. Wejdź.

Trzeci uczeń jest w pełni gotów pozwolić, by ból trwał, jak długo tylko zechce, nawet przez resztę jego życia, a nawet potrafi pozwolić mu, by się nasilił. Podarował bólowi wolność. Przestał próbować go kontrolować. Na tym polega uwalnianie. Teraz, czy ból pozostaje, czy odchodzi, nie stanowi to dla niego różnicy. Jedynie wówczas ból znika.

TM czyli transcendentalna medycyna ratunkiem dla bolących zębów

Pewien członek naszej wspólnoty miał zęby w opłakanym stanie. Sporo jego zębów nadawało się do usunięcia, ale nie chciał znieczulenia. Ostatecznie znalazł w Perth chirurga stomatologa, który mógłby mu wyrwać zęby bez środków znieczulających. Był u niego kilka razy. Uważa, że to pestka.

Pozwolić chirurgowi usunąć sobie zęba bez znieczulenia, to już robi wrażenie, ale ten gość posunął się jeszcze dalej. Sam sobie wyrwał zęba bez żadnego znieczulenia. Zobaczyliśmy go na zewnątrz zakonnego warsztatu, jak trzymał świeżo wyrwany ząb pomiędzy szczypcami kombinerek umazanych krwią. To pestka: umył kombinerki z krwi, zanim odniósł je do warsztatu.

Zapytałem go, jak dał radę zrobić coś takiego. To, co powiedział, doskonale ilustruje, dlaczego strach jest głównym składnikiem bólu.

– Kiedy zdecydowałem się na usunięcie zęba – wizyta u dentysty to tylko zawracanie głowy – nic nie bolało. Kiedy szedłem do warsztatu, też nie bolało. Kiedy wyciągnąłem kombinerki, nie bolało. Kiedy uchwyciłem kombinerkami ząb, nadal nie bolało. Kiedy go rozchwiałem kombinerkami i wyrywałem, wówczas zabolało, ale tylko trochę. Gdy już go wyrwałem, nie bolało ani trochę. Zaledwie parę sekund bólu i po wszystkim.

Ty, mój czytelniku, prawdopodobnie krzywisz się, gdy czytasz tę historię, która jednak zdarzyła się naprawdę. Ze względu na strach, z pewnością odczuwałeś silniejszy ból niż on!

Gdybyś zdobył się na taki sam wyczyn, bolałoby cię niesamowicie, zanim jeszcze doszedłbyś do warsztatu, by zabrać kombinerki. Wyczekiwanie – strach – to zasadniczy składnik bólu.

Żadnych zmartwień

Uwalnianie „nadzorcy", życie tą chwilą i otwieranie się na niepewne jutro uwalnia nas z więzienia strachu. Pozwala nam to podejmować życiowe wyzwania z właściwą nam, nieskażoną mądrością i pomaga nam wyjść obronną ręką z niejednej pogmatwanej sytuacji.

Na lotnisku w Perth, wracając z cudownej podróży do Sri Lanki via Singapur, czekałem w jednej z sześciu kolejek do odprawy dla imigrantów. Kolejki posuwały się wolno. Rzeczywiście kontrola była dokładna. Z bocznego lobby wyszedł oficer straży granicznej, prowadząc ze sobą psa wyszkolonego do wykrywania narkotyków. Na twarzach przybywających podróżnych pojawiał się nerwowy uśmiech, gdy tylko oficer straży granicznej prowadził psa wzdłuż kolejki tam i z powrotem. Nawet gdy nikt nie przemycał narkotyków, wyczuwało się ulgę, gdy pies kogoś obwąchał i szedł dalej.

Kiedy bystry tropiący pies podszedł do mnie i obwąchał, zatrzymał się. Zagłębił swój mały pysk w moich szatach na wysokości pasa i zaczął machać ogonem na wszystkie strony. Strażnik musiał szarpnąć za smycz, by odciągnąć psa. Pasażerowie z przodu, którzy do tej pory byli nastawieni do mnie przychylnie, odsunęli się ode mnie o krok. I jestem pewien, że para stojąca za mną, cofnęła się także.

Po pięciu minutach, gdy już byłem znacznie bliżej stanowiska odprawy, znowu pojawili się z psem. Chodził tam i z powrotem wzdłuż kolejki, obwąchując każdego z pasażerów z osobna, po czym szedł dalej. Kiedy trafiło na mnie, znowu się zatrzymał. Zanurzył mi łeb w sutannie i machał szaleńczo ogonem. I znowu, strażnik musiał twardo odciągnąć psa. Czułem, że wszystkie oczy patrzą na mnie. Choć niejeden z czekających mógł wówczas poczuć się nieswojo, ja byłem zupełnie odprężony. Gdybym przypadkiem poszedł do więzienia, no cóż, miałem tam wielu przyjaciół, a poza tym, karmią tam znacznie lepiej niż w zakonie!

Kiedy podszedłem do stanowiska kontroli celnej, przeszukali mnie dokładnie. Nie miałem narkotyków, mnisi nawet nie piją alkoholu. Nie miałem kontroli osobistej przypuszczalnie dlatego, że nie okazywałem ani cienia strachu. Posunęli się jedynie do tego, by zapytać mnie, dlaczego, moim zdaniem, pies zatrzymał się jedynie przy mnie. Powiedziałem, że mnisi pałają niezwykłą litością dla zwierząt, i może właśnie to wyczuł pies lub, być może, pies był mnichem w poprzednim wcieleniu. Zaraz potem mnie przepuścili.

Kiedyś o mało co nie oberwałem od wielkiego Australijczyka, który był bardzo podchmielony i rozgniewany. Mój brak poczucia strachu uratował sytuację jak i mój nos.

Dopiero co przeprowadziliśmy się do nowej świątyni w mieście, trochę na północ od Perth. Mieliśmy wielką uroczystość inaugurującą otwarcie, kiedy to, ku naszemu zdziwieniu i zachwytowi, Gubernator Australii zachodniej, Sir Gordon Reid wraz z żoną, przyjął nasze zaproszenie na uroczystość. Przydzielono mi przygotowanie namiotów z markizami i krzeseł dla gości i VIP-ów. Nasz skarbnik kazał mi dać z siebie wszystko. Zamierzaliśmy odstawić wielkie show.

Po paru poszukiwaniach, znalazłem bardzo drogą firmę wynajmującą potrzebny nam sprzęt. Mieściła się na jednym z bogatych zachodnich przedmieść Perth i wynajmowała markizety na tzw. garden party dla milionerów. Wytłumaczyłem, o co mi chodzi i dlaczego wszystko ma być najlepsze. Kobieta, z którą rozmawiałem, powiedziała, że zrozumiała dokładnie, więc zamówienie zostało złożone.

Kiedy przywieziono w piątek późnym popołudniem namioty i krzesła, byłem gdzieś na tyłach naszej nowej świątyni i komuś pomagałem. Kiedy przyszedłem sprawdzić dostawę, dostawcy i ciężarówki już nie było. Nie mogłem uwierzyć swoim oczom. Namioty pokryte były czerwonym kurzem. Byłem rozczarowany, ale problem można było naprawić. Zaczęliśmy polewać namioty wodą z gumowych węży. Potem sprawdziłem krzesła dla gości, a one były obrzydliwie brudne. Przynieśliśmy szmaty i moi nieocenieni wolontariusze zaczęli szorować każde krzesło. W końcu spojrzałem na specjalne krzesła dla VIP-ów. Były rzeczywiście specjalne: żadne z nich nie miało nóg równej wysokości! Każde się chwiało, i to mocno.

To było nie do uwierzenia. Tego było już za wiele. Pobiegłem do telefonu, zadzwoniłem do firmy wynajmującej i złapałem tę kobietę, która właśnie już miała wyjechać na weekend. Wyjaśniłem całą sytuację, naciskając, że nie możemy gościć Gubernatora Zachodniej Australii, kołyszącego się na rozchybotanym krześle podczas trwania ceremonii. A co będzie, jeśli spadnie? Zrozumiała, przeprosiła i zapewniła mnie, że każe wymienić krzesła w ciągu godziny.

Tym razem czekałem na ciężarówkę z dostawą. Zobaczyłem, jak skręca w naszą ulicę. W połowie drogi, około sześćdziesięciu metrów od świątyni, z dość szybko jadącej ciężarówki wyskoczył mężczyzna i zaczął biec w moim kierunku ze złością w oczach, grożąc mi pięściami.

– Gdzie jest przełożony? – krzyczał. – Chcę widzieć się z przełożonym!

Jak się później dowiedziałem, nasza pierwsza dostawa, była ich ostatnią w tym tygodniu. Po dostawie chłopcy odświeżyli się i poszli do pubu, by zacząć świętować weekend. Musieli mieć nieźle w czubie, kiedy ich menadżer przyszedł do pubu i nakazał, by wrócili do pracy. Buddyści potrzebowali wymiany krzeseł.

Podszedłem do mężczyzny i powiedziałem uprzejmie:

– Ja jestem przełożonym. W czym mogę pomóc?

Spojrzał mi bliżej w twarz, pięści miał wciąż zaciśnięte, niemal dotykał mojego nosa. Jego oczy kipiały złością. Poczułem silną woń piwa z jego ust, prawie tuż, tuż. Nie czułem ani strachu, ani buty. Nic, tylko sam spokój.

Moi, tak zwani przyjaciele, przestali myć krzesła, by się przyjrzeć. Nikt z nich nie przyszedł mi z pomocą. Wielkie dzięki, przyjaciele!

Starcie trwało kilka minut. Byłem zachwycony tym, co się dzieje. Moja odpowiedź zamurowała rozjuszonego robotnika. Jego odruch warunkowy przygotowany był tylko na strach i przeciw-uderzenie. Jego mózg nie wiedział, jak reagować na kogoś, kto jest spokojny, podczas gdy on sam gotowy jest do ciosu. Wiedziałem, że nie jest w stanie mnie uderzyć, ani odsunąć się. Mój brak poczucia strachu obezwładnił go.

W tym czasie ciężarówka już zaparkowała i podszedł do nas szef. Położył rękę na skamieniałym ramieniu robotnika i powiedział:

– Daj spokój, rozładujmy krzesła.

To przełamało impas, dając mu pole manewru.

Powiedziałem:

– Tak, pomogę ci.

I razem rozładowaliśmy krzesła.

Gniew i przebaczenie

Gniew

Gniew nie jest mądrą reakcją. Mądrzy ludzie są szczęśliwi, a szczęśliwi ludzie nie popadają w gniew. Po pierwsze, gniew jest irracjonalny.

Pewnego dnia, kiedy nasz zakonny samochód zatrzymał się na czerwonym świetle obok innego samochodu, zauważyłem, że tamten kierowca bruździł na światła:

– Cholerne światła! Wiecie, że mam ważne spotkanie. Wiecie, że jestem spóźniony. I przepuściłyście tamten samochód przede mną, świnie jedne! I to już nie pierwszy raz…

Obwiniał światła, jakby miały jakiś wybór. Wydawało mu się, że światła specjalnie robią mu na złość:

– Ha-ha! Oto on. Wiem, że jest spóźniony. Najpierw przepuszczę tamten samochód, a potem… Czerwone! Stop! Mamy go! Światła bywają wredne, ale to tylko światła, i tyle. Czego spodziewasz się po światłach?

Wyobrażałem sobie, jak przyjeżdża do domu późno i jego żona beszta go.

– Ty cholerny mężu. Wiedziałeś, że mamy spotkanie. Wiedziałeś, że nie wolno ci się spóźnić. Inne sprawy są dla ciebie ważniejsze ode mnie, ty świnio! I to już nie jest pierwszy raz …

Obwiniała swojego męża, jakby miał jakiś wybór. Uważała, że mąż zranił ją celowo:

– Ha-ha! Idziemy z żoną na spotkanie. Spóźnię się. Tylko najpierw dopilnuję tę inną osobę. Późno! Dobra.

Mężowie bywają wredni, ale to tylko mężowie, i tyle. Czego możesz spodziewać się po mężu?

Osoby i wydarzenia z tej historii można dowolnie dobierać, byle tylko znaleźć pretekst do gniewu.

Proces sądowy

By wyrazić swój gniew, musisz go sobie najpierw uzasadnić. Musisz przekonać siebie samego, że sytuacja wymaga, by zareagować gniewem. Gniew jest w tym miejscu właściwy i w porządku. Proces psychiczny, jakim jest gniew, przebiega tak, jakby w twojej głowie toczył się proces sądowy.

Widzisz w myślach oskarżonego w sądzie, na ławie oskarżonych. Ty jesteś prokuratorem. Wiesz, że oni są winni, ale by być sprawiedliwym, musisz udowodnić to sędziemu, czyli najpierw swojemu sumieniu. Zapuszczasz się w graficzną rekonstrukcję „zbrodni" przeciwko tobie.

Rozważasz wszelkie złe zamiary, formy obłudy czy czystego okrucieństwa, stojące za czynem oskarżonego. Wyciągasz z przeszłości wszystkie ich pozostałe „przestępstwa" przeciwko tobie, by przekonać swoje sumienie, że nie zasługują na łaskę.

W prawdziwym sądzie, oskarżony ma także adwokata, który może mówić w jego imieniu. Ale w tej psychicznej rozprawie, uczestniczysz w procesie uzasadniania swojego gniewu. Nie chcesz słyszeć patetycznych mówek czy mętnych wyjaśnień, czy słabych wyrazów usprawiedliwienia. Adwokat obrony nie ma prawa głosu. W swoim jednostronnym sporze przeprowadzasz przekonujący dowód. To wystarczające. Młotek sumienia to przypieczętowuje i oni są winni. Teraz czujemy, że jesteśmy w porządku, gniewając się na nich.

Wiele lat temu, taki właśnie proces toczył mi się w myślach, kiedy tylko wpadałem w złość. Wydawało mi się to niesprawiedliwe. Tak więc, gdy następnym razem chciałem się na kogoś zezłościć, robiłem przerwę, by zezwolić na głos adwokatowi obrony. Wymyślałem przekonujące wymówki i możliwe wytłumaczenia dla ich zachowania. Przykładałem wagę do pięknej sztuki przebaczania. Odkryłem, że sumienie już nigdy nie pozwoli na skazujący werdykt. Osądzanie innych stało się niemożliwe. Gniew, niemożliwy do uzasadnienia, utopił się we własnym sosie.

Wyciszenie

Frustrujące rozczarowanie jest zazwyczaj czynnikiem wywoławczym dla naszego gniewu. Czasami zbyt mocno inwestujemy siły w jakiś projekt i jeśli się okazuje, że nie wyszedł po naszej myśli, czujemy irytację. Wszystkie niedoszłe realizacje rzutują na nasze oczekiwania, prognozowanie przyszłości. Powinniśmy już sobie uświadomić, że przyszłość jest niepewna, nieprzewidywalna. Zbyt duża ufność w oczekiwania wobec przyszłości, we wszystkie domniemane „pewniaki", to ładowanie się w tarapaty.

Pewien buddysta z Zachodu, którego znałem wiele lat temu, został mnichem na Dalekim Wschodzie. Wstąpił do bardzo surowego, znanego męskiego zakonu medytacyjnego, położonego w górach. Corocznie poddawali się dwumiesięcznemu okresowi wyciszenia medytacyjnego. Było to trudne, wymagało bycia twardym, nie dla słabych umysłów.

Wstawali o trzeciej nad ranem i począwszy od 3:10 siedzieli już ze skrzyżowanymi nogami, w pozycji medytacyjnej. Cały dzień poddany był reżimowi ustalonego porządku medytacyjnego, składającego się z pięćdziesięciominutowej medytacji w pozycji siedzącej, dziesięciominutowej medytacji chodzonej i tak dalej. Zabierali posiłki do sali medytacyjnej, siedząc ze skrzyżowanymi nogami na swoim miejscu medytacyjnym. Zabronione były jakiekolwiek rozmowy. O godzinie 22:00 mogli się położyć, by przespać się, ale tylko w sali medytacyjnej i dokładnie w tym miejscu, gdzie medytowali. Wstawanie o trzeciej nad ranem niebyło obowiązkowe: mogłeś wstać wcześniej, jeśli miałeś na to ochotę, ale nie później! Jedyna przerwa, to codzienne przesłuchanie u surowego mistrza, no i oczywiście krótkie przerwy na pójście do toalety.

Po trzech dniach Zachodni mnich miał nogi i plecy zesztywniałe z bólu. Nie przywykł do tak długiego wysiadywania w pozycji, która nie była wygodna dla człowieka z Zachodu. Ponadto, miał jeszcze przed sobą osiem takich tygodni. Zaczął poważnie wątpić, czy wytrzyma tak długi okres wyciszenia.

Pod koniec pierwszego tygodnia, nic nie zmieniło się na lepsze. Często cierpiał katusze, siedząc tak godzinami. Ci, którzy przeszli dziesięciodniowe wyciszenie medytacyjne, wiedzą, jak może być ono bolesne. Pozostało mu jeszcze następnych siedem i pół tygodnia takiej męki.

Ten facet był twardy i bezkompromisowy. Zebrał się w sobie i trwał, z sekundy na sekundę. Po pierwszych dwóch tygodniach miał naprawdę dość: ból był zbyt uciążliwy. Jego zachodnie ciało nie było stworzone do takiego traktowania. Nie był to buddyzm „Środkowej Ścieżki". Wtem rozejrzał się wokół, przyglądając się azjatyckim mnichom, także zaciskających zęby z bólu, i duma pchnęła go naprzód, by wytrwać następne dwa tygodnie. W tym czasie, w całym ciele czuł gorejący ból. Jedyną ulgę przynosił mu gong, zwiastujący dziesiątą wieczorem, kiedy mógł rozprostować swoje storturowane ciało i odpocząć. Wydawało się, że tylko co zdążył pogrążyć się w objęcia Morfeusza, a już słychać było gong oznajmujący trzecią nad ranem, rozpoczynający następny dzień jego męczarni.

Pod koniec trzydziestego dnia na horyzoncie zajaśniał słaby promyczek nadziei. Miał już za sobą połowę drogi. Był prawie na finiszu. „Tuż, tuż", myślał, próbując przekonać samego siebie. Dni dłużyły się, a w kolanach i plecach narastał ból. Czasami myślał, że się rozpłacze. Mimo to brnął nadal. Jeszcze dwa tygodnie. Jeszcze tydzień. W ostatnim tygodniu czas dłużył się, jakby zatrzymał się w miejscu. Choć przywykł już do uporczywego bólu, nie było nic lżej. „Gdybym się teraz poddał", pomyślał, „sprzeniewierzyłbym się wszystkiemu, co do tej pory wycierpiałem". Miał zamiar doprowadzić to do końca, nawet gdyby miało go to zabić. I czasami wydawało mu się, że go rzeczywiście zabije.

Sześćdziesiątego dnia obudził się na dźwięk gongu o trzeciej nad ranem. Był tuż, tuż. Tamtego ostatniego dnia ból był przeraźliwy. Jakby do tamtej pory tylko się z nim drażnił, a teraz pokazał mu całe swoje oblicze. Choć pozostało jeszcze parę godzin, wątpił, czy wytrzyma. Wreszcie zostało ostatnich pięćdziesiąt minut. Zaczął tę sesję, rozmyślając o tym, co zrobi, już w pierwszej godzinie, gdy zakończy się wyciszenie: długa kąpiel, spokojne delektowanie się posiłkiem, pogawędka, wygodny fotel – i wtem ból przerwał mu jego plany, skupiając na sobie wszelkie jego myśli. Pokryjomu i to kilkakrotnie podczas tej sesji, delikatnie otwierał oczy, by zerknąć na zegar. Nie mógł uwierzyć, że czas posuwa się tak wolno. Być może należało zmienić baterie w zegarze? Być może wskazówki zegara zatrzymały się na zawsze pięć minut przed zakończeniem wyciszenia? Ostatnie pięćdziesiąt minut było niczym pięćdziesiąt wieków, ale przecież nic nie bywa wieczne. I nie było. Zabrzmiał gong, tak słodko, na koniec wyciszenia.

Rozkosz z przyjemności rozchodziła się w jego ciele, spychając ból na dalszy plan. Dał radę. Teraz zajmie się sobą. Do wanny!

Mistrz uderzył ponownie w gong, by zwrócić uwagę wszystkich. Miał coś do zakomunikowania. Powiedział:

– Było to wyjątkowe wyciszenie. Wielu mnichów uczyniło znaczne postępy i niektórzy sugerowali mi, w trakcie swoich prywatnych przesłuchań, że wyciszenie należałoby przedłużyć jeszcze o dwa tygodnie. Myślę, że to doskonały pomysł. Wyciszenie zostaje przedłużone. Siedźcie nadal.

Wszyscy mnisi z powrotem skrzyżowali swoje nogi i nieruchomo zasiedli do medytacji, by zacząć następne dwa tygodnie. Nasz mnich z Zachodu powiedział, że już absolutnie nic go nie boli. Po prostu próbował wykoncypować, którym to cholernym mnichom zachciało się wydłużenia okresu wyciszenia i myślał, co im zrobi, gdy dowie się, którzy to tacy mądrzy! Wobec tych bezlitosnych mnichów snuł plany, nie przystające żadnemu mnichowi. Gniew przysłonił mu cały ból. Był oburzony i wstrząśnięty. Pałał chęcią morderstwa. Nigdy wcześniej nie odczuwał tak wielkiego gniewu. Wtem gong zabrzmiał ponownie. Było to najkrótsze pięćdziesiąt minut w jego życiu.

– Wyciszenie skończone – rzekł mistrz. – W refektarzu czekają na was przekąski i napoje. Odpoczywajcie. Możecie już rozmawiać.

Mnich z Zachodu pogubił się w tym wszystkim.

– Myślałem, że będziemy medytować jeszcze przez dwa tygodnie. Co się dzieje?

Starszy mnich, mówiący po angielsku, ujrzał jego zakłopotanie i podszedł do niego. Uśmiechając się, powiedział do człowieka z Zachodu:

– Nie martw się! Mistrz postępuje tak samo każdego roku!

Demon, żywiący się gniewem

Problem z gniewem tkwi w tym, że lubimy się złościć. Istnieje uzależniająca i nieodparta przyjemność związana z wyrażaniem gniewu. A my nie chcemy się pozbywać tego, co lubimy. Jednakże, z gniewem łączy się także niebezpieczeństwo, konsekwencja, która przeważa nad wszelkimi przyjemnościami. Jeśli tylko uświadomimy sobie owoc gniewu i zapamiętamy ten związek, wówczas chętnie pozwolimy, by gniew nas opuścił.

Dawno temu, do pewnego pałacu podczas nieobecności króla wślizgnął się demon. Demon był tak brzydki, tak paskudnie cuchnął i gadał takie odrażające rzeczy, że strażnicy i służba pałacowa zastygli z przerażenia. To pozwoliło demonowi przedostać się do najdalszych pokoi, do sali audiencyjnej i zasiąść na tronie królewskim. Strażnicy i wszyscy pozostali, zobaczywszy demona na królewskim tronie, zrozumieli wreszcie, co się dzieje.

– Wynoś się stąd! – krzyczeli. – To nie twoje miejsce! Jeśli natychmiast nie zabierzesz stąd swego tyłka, posiekamy ci go naszymi mieczami!

Demon, słysząc te pogróżki, stał się trochę wyższy, jego twarz zbrzydła, smród stał się bardziej uciążliwy, a język bardziej obsceniczny.

Miecze poszły w ruch, wydobyto sztylety, padły pogróżki. Z każdym ostrym słowem czy ostrym czynem, nawet z pełną złości myślą, demon stawał się o parę centymetrów wyższy, coraz brzydszy, bardziej cuchnący, a jego język – coraz bardziej wulgarny.

Scysja trwała już chwilę, gdy pojawił się król. Zobaczył na własnym tronie tego olbrzymiego demona. Nigdy przedtem nie widział czegoś tak odrażająco paskudnego, nawet na filmach. Smród, jaki roztaczał wokół demon odstraszyłby nawet skunksa. A tak rynsztokowego języka nie słychać nawet w najciemniejszych, pijackich spelunach w centrum miasta w sobotnie wieczory.

Król był mądrym człowiekiem. Dlatego właśnie został królem. Wiedział, co zrobić.

– Witaj – powiedział przyjaźnie król. – Witaj w moim pałacu. Czy ktoś już poczęstował cię czymś do picia? Albo do jedzenia?

Po tych kilku gestach uprzejmości demon zrobił się o parę centymetrów niższy, mniej brzydki, mniej cuchnący i mniej obraźliwy.

Służba pałacowa natychmiast złapała, o co chodzi. Ktoś zaproponował demonowi filiżankę herbaty.

– Mamy Darjeeling, English Breakfast i Erl Grey. A może wolisz miętową? Dobrze ci zrobi na zdrowie.

Ktoś inny zamówił pizzę, dla tak wielkiego demona – w rozmiarze familijnym, podczas gdy inni przygotowali kanapki: oczywiście z przyprawioną na ostro diabelską szynką. Jeden z żołnierzy zrobił demonowi masaż stóp, a drugi wymasował mu zrogowaciały kark. „Mmmm! To było miłe" – pomyślał demon.

Z każdym miłym słowem, gestem czy myślą, demon stawał się coraz mniejszy, mniej brzydki, mniej śmierdzący i obraźliwy. Zanim dostawcy przywieźli pizzę, demon skurczył się do rozmiaru, jaki miał, gdy tylko usiadł na tronie. Ale oni nadal byli uprzejmi. Wkrótce demon był tak malutki, że prawie niezauważalny. Wówczas, po jeszcze jednym akcie uprzejmości, zupełnie zniknął.

„Nazywamy takie demony «demonami żywiącymi się gniewem»"[4].

Nasi partnerzy mogą czasem okazać się takim „demonami żywiącymi się gniewem". Okaż im gniew, a oni stają się coraz gorsi – brzydsi, bardziej śmierdzący i bardziej aroganccy w słowach. Problem zwiększa się o rozmiar zawsze, gdy gniewasz się na nich, choćby tylko w myślach. Być może teraz dostrzeżesz swój błąd i będziesz wiedział, jak się zachować.

Ból jest następnym „demonem żywiącym się gniewem". Kiedy myślimy w złości: „Bólu! Wynocha! To nie twoje miejsce!", staje się coraz większy i pod każdym względem – gorszy. Trudno być miłym wobec czegoś tak paskudnego i uciążliwego jak ból, ale niejednokrotnie tak zdarzy się w naszym życiu, że nie będziemy mieli innego wyjścia. Tak jak było to we wcześniejszym opowiadaniu o moim bolącym zębie, kiedy przywitamy ból z oddaniem, szczerze, stanie się mniej odczuwalny, mniej dokuczliwy i czasami zniknie zupełnie.

Niektóre nowotwory są „demonami żywiącymi się gniewem", wstrętnymi i odrażającymi potworami, siedzącymi w naszym ciele, na naszym „tronie". To normalne, że mówimy: „Wynocha! To nie twoje miejsce!". Kiedy wszystko inne zawodzi, a może nawet jeszcze wcześniej, być może powinniśmy powiedzieć: „Witaj". Niektóre żywią się stresem – to dlatego są one „demonami żywiącymi się gniewem". Tego typu nowotwory dobrze reagują, gdy „Władca pałacu" rzeknie odważnie: „Nowotworze, wrota mojego serca stoją dla ciebie otworem, czegokolwiek nie zrobisz. Zapraszam!".

W porządku! To byłoby na tyle! Żegnam!

Kolejnym następstwem gniewu, o którym powinniśmy pamiętać, jest to, że niszczy nasze związki i rozdziela nas z naszymi przyjaciółmi. Jak to się dzieje, że po długich szczęśliwych latach spędzonych razem, kiedy nasz towarzysz popełnia jeden błąd, dotkliwie nas tym raniąc, wpadamy w taką złość, że kończymy na zawsze naszą znajomość? Wszystkie wspaniałe chwile spędzone razem (998 cegieł) nie znaczą nic. Widzimy tylko ten jeden fatalny błąd (dwie feralne cegły) i wszystko niszczymy. To nie wydaje się sprawiedliwe. Jeśli chcesz być samotny, pielęgnuj gniew.

Pewne młode znajome mi małżeństwo z Kanady kończyło właśnie swój kontrakt w Perth. Kiedy planowali podróż powrotną do Toronto, swojego rodzinnego miasta, wpadli na genialny pomysł, by popłynąć do Kanady. Zamierzali kupić mały jacht i z pomocą drugiego młodego małżeństwa przepłynąć Pacyfik i przybić do Vancouver. Tam sprzedaliby jacht, odzyskali zainwestowane pieniądze i mieliby zaliczkę na swój przyszły dom. Nie tylko było to rozsądne pod względem finansowym, ale było dla tych dwóch młodych małżeństw także życiową przygodą.

Kiedy szczęśliwie dotarli do Kanady, wysłali do mnie do zakonu list, opisujący tę cudowną przygodę. Wyjątkowo drobiazgowo relacjonowali jedno zajście, które pokazywało, jak bardzo możemy być głupi, kiedy wpadamy w gniew, podkreślając jednocześnie przyczynę konieczności wyeliminowania gniewu.

W połowie ich podróży, gdzieś na Pacyfiku, z dala od najbliższego lądu, zepsuł się silnik na jachcie. Obydwaj mężczyźni zmienili kierunek, zeszli na dół do małej maszynowni i próbowali naprawić silnik. Obydwie kobiety siedziały na pokładzie, delektując się ciepłym słońcem i czytając kolorowe magazyny.

W maszynowni było gorąco i ciasno. Mężczyznom wydawało się, że silnik zrobił to celowo i w żaden sposób nie chce się naprawić. Wielkie stalowe śruby nie dawały się odkręcić kluczem, mniejsze, lecz bardzo ważne śrubki wyślizgiwały się z palców i wpadały do niedostępnych zakamarków, całych w smarze, a przecieki nadal uporczywie kapały. Frustracja spowodowała rozdrażnienie, najpierw z powodu silnika, a potem wobec siebie nawzajem. Rozdrażnienie szybko przerodziło się w gniew. Potem była eksplozja gniewu w postaci szaleńczej furii. Jeden z facetów miał dość. Cisnął kluczem o ziemię i krzyknął:

– W porządku! To byłoby na tyle! Żegnam!

Czuł taką szaleńczą furię, że poszedł do swojej kajuty, wymył się, zmienił ubranie i spakował swoje bagaże. Potem pojawił się na pokładzie, wciąż kipiąc ze złości, w swojej najlepszej marynarce, z bagażami w rękach. Kobiety widząc go, zataczały się ze śmiechu i niemal nie wypadły za burtę. Młody mężczyzna patrzył wokół na bezkresny ocean, aż po sam horyzont. Nie było dokąd iść.

Poczuł się jak błazen, aż poczerwieniał z zażenowania. Odwrócił się i poszedł z powrotem do swojej kajuty. Tam się rozpakował, przebrał i wrócił do maszynowni, by pomóc. Musiał. Nie było innego wyjścia.

Jak powstrzymać pucz

Gdy uświadomimy sobie, że nie mamy wyjścia, stawiamy raczej czoła problemowi, niż uciekamy. Dla większości problemów istnieją rozwiązania, których nie dostrzegamy, uciekając w przeciwną stronę. W poprzedniej historii silnik jachtu został naprawiony, a dwaj mężczyźni stali się najlepszymi przyjaciółmi i cudownie spędzili resztę rejsu – razem.

Skoro ludzie w naszym świecie zaczynają się coraz bardziej zbliżać do siebie, musimy znajdować rozwiązania naszych problemów. Nie ma miejsca na ucieczkę. Po prostu nie możemy już nigdy pozwolić sobie na poważne konflikty.

W drugiej połowie lat siedemdziesiątych ubiegłego wieku, osobiście doświadczyłem, w jaki sposób rząd państwowy znalazł takie rozwiązanie dla poważnego kryzysu, takiego, który zagroził istnieniu samej demokracji.

W 1975 roku kolejno Południowy Wietnam, Laos i Kambodża powalone zostały przez komunizm, nieomal dzień po dniu. „Teoria domina" panująca wówczas wśród ówczesnych mocarstw zachodnich przewidywała, że Tajlandia będzie następna. W tamtym okresie byłem młodym mnichem w północno-zachodniej Tajlandii. Zakon, w którym wówczas głównie przebywałem, był dwa razy bliżej od Hanoi niż od Bangkoku. Nakazano nam zarejestrować się w naszych ambasadach i przygotowano plany ewakuacyjne. Dla większości zachodnich rządów było niespodzianką, że Tajlandia się nie ugięła.

Ajahn Chah był już wówczas dość znany i czołowa tajska generalicja, a także wyżsi członkowie rządu narodowego odwiedzali go w klasztorze, szukając u niego porady i inspiracji. Nauczyłem się biegle tajskiego, trochę laoskiego i stąd jako osoba dobrze poinformowana, zyskałem pełny wgląd i zrozumiałem powagę sytuacji. Wojsko i rząd nie tyle obawiały się armii czerwonych poza granicami swego kraju, co aktywistów komunistycznych i ich sympatyków we własnym kraju.

Wielu zdolnych studentów tajskich uniwersytetów przeniosło się do dżungli w północno-wschodniej Tajlandii, by wspierać wewnętrzne, tajskie, partyzanckie siły komunistyczne. Broń otrzymywali z zewnątrz państwa, tam też byli szkoleni. Ale wioski w „różowych" częściach regionu chętnie dostarczały im żywność i inne potrzebne rzeczy. Mieli lokalne wsparcie. Stanowili złowieszcze zagrożenie.

Wojsko i rząd Tajlandii znalazły rozwiązanie w trzystopniowej strategii.

1. Powściągliwość

Wojsko nie atakowało baz komunistów, ale każdy żołnierz wiedział, gdzie się znajdują. Kiedy w latach 1979-80 wiodłem życie wędrownego mnicha w poszukiwaniu gór i lasów, by samotnie pomedytować, mogłem wpaść na patrole wojskowe, a oni udzieliliby mi rady. Mogli wskazać na jedną górę i powiedzieć mi, bym tam nie szedł – bo tam właśnie byli komuniści. Potem mogli wskazać na następną i polecić mi jako dobre miejsce do medytacji, bo nie było tam komunistów. Musiałem stosować się do ich zaleceń. Tamtego roku komuniści pojmali kilku wędrownych mnichów medytujących w dżungli i zabili ich, najpierw poddając ich torturom tak mi powiedziano.

2. Przebaczenie

Przez cały ten niebezpieczny okres, ogłoszono bezwarunkową amnestię. Kiedy którykolwiek z powstańczych komunistów chciał porzucić sprawę, mógł po prostu oddać broń i wrócić do swojej wioski lub na uniwersytet. Z pewnością nie ominęłaby go inwigilacja, ale nie nakładano żadnych kar. Dotarłem do pewnej wioski w dystrykcie Kow Wong, gdzie kilka miesięcy wcześniej komuniści przygotowali zasadzkę, w której zginał cały jeep tajskich żołnierzy. Młodzi mieszkańcy wioski byli w większości przychylni żołnierzom-komunistom, ale aktywnie nie walczyli. Powiedzieli mi, że grożono im i napastowano, ale puszczono ich wolno.

3. Rozwiązywanie zasadniczego problemu

W owym okresie widziałem, jak budowano w tym regionie wiele nowych dróg i utwardzano stare. Mieszkańcy wiosek mogli teraz zawozić swoje produkty do miasta, by je tam sprzedać. Król Tajlandii osobiście nadzorował i finansował budowę setek małych zbiorników, podłączanych do sieci irygacyjnej, by pozwolić biednym rolnikom z północnego-zachodu na podwójne zbiory ryżu każdego roku. Najodleglejsze wioski przyłączono do sieci elektrycznej, a wraz z tym przyszły szkoły i zakłady opieki zdrowotnej. Najbiedniejszy region Tajlandii stał się oczkiem w głowie rządu w Bangkoku, a mieszkańcy wiosek stawali się stosunkowo zamożni.

Pewien żołnierz armii tajskiej, będąc na patrolu w dżungli, powiedział mi kiedyś:

> Nie potrzebujemy zabijać komunistów. To przecież nasi ziomkowie. Kiedy ich spotykam, jak schodzą z gór lub idą do wiosek po prowiant, a wszyscy wiemy, kim oni są, po prostu pokazuję im mój nowy zegarek lub pozwalam posłuchać tajskiej piosenki przez moje nowe radio – wówczas przestają być komunistami.

Takie było jego doświadczenie, a także innych jego kumpli z wojska.

Tajlandzcy komuniści rozpoczęli powstanie przeciw własnemu rządowi z taką zaciekłością, że byli gotowi poświecić temu swoje młode życie. Ale powściągliwość ze trony rządu sprawiła, że ich gniew nie potęgował się.

Akt przebaczenia w formie amnestii dawał im wyjście – bezpieczne i z twarzą. Rozwiązywanie problemu, poprzez rozwój gospodarczy, pozwalało biednym mieszkańcom wiosek na dostatnie życie. Wieśniacy nie widzieli już żadnego interesu we wspieraniu komunistów: byli zadowoleni z rządu, który wówczas mieli. A komuniści zaczęli wątpić w to, co robią, żyjąc w niewygodzie w górskich lasach.

Kolejno składali swoją broń i powracali do swoich rodzin, wiosek czy na uniwersytet. W początkach lat osiemdziesiątych dwudziestego wieku, zostało już niewielu powstańców, tak więc i generałowie ich leśnej armii, przywódcy komunistyczni, także się poddali. Pamiętam, jak widziałem w *Bangkok Post* obszerny artykuł, mówiący o pewnym cwaniaczku, który robiąc za przewodnika, prowadził tajskich turystów w dżunglę, by pokazać im porzucone obecnie jaskinie, z których to kiedyś komuniści porywali się na ich naród.

Co stało się z tymi przywódcami powstania? Czy oni też mogli zostać objęci tą samą bezwarunkową amnestią? Niezupełnie. Nie karano ich, nie nakazywano im przymusowej emigracji. W zamian za to, w uznaniu ich przywódczych umiejętności, zdolności wykonywania ciężkiej pracy i troski o ludzi, proponowano im poważne stanowiska w służbach rządowych wymagające wysokiej odpowiedzialności! Co za znakomity gest. Po co marnować potencjał tych niezwykle odważnych i pełnych poświęcenia młodych mężczyzn?

Jest to prawdziwa historia, którą słyszałem od żołnierzy, jak i od mieszkańców wiosek północno-wschodniej Tajlandii w owym czasie. To właśnie widziałem na własne oczy. Szkoda, że prawie nigdzie o tym głośno nie mówiono.

Gdy pisałem tę książkę, dwóch byłych przywódców komunistycznych pełniło służbę dla swojego kraju, pracując na stanowiskach ministerialnych w Narodowym Rządzie Tajlandii.

Negocjacje i przebaczanie

Kiedy ktoś nas zranił, nie musimy być tym, kto wymierza mu karę. Jeśli jesteśmy chrześcijanami, muzułmanami czy Żydami, czy bez wątpienia zawierzymy, że Bóg ukaże go wystarczająco? Jeśli jesteśmy buddystami, hinduistami czy wyznawcami religii sikhijskiej, będziemy wiedzieć, że prawem karmy, nasz napastnik dostanie to, na co zasłużył. A jeśli jesteś wyznawcą nowoczesnej wiary w psychoterapię, wiesz, że twój napastnik będzie zmuszony poddać się długoletniej, kosztownej terapii, z powodu swojej winy! A więc dlaczego musimy być tymi, którzy dają im nauczkę? Patrząc na to rozsądnie, odkrywamy, że nie musimy być katem. Nadal pełnimy nasze publiczne obowiązki, kiedy uwalniamy się od własnego gniewu i próbujemy ochłonąć, przebaczając przy tym.

Dwóch znajomych mi mnichów z Zachodu pokłóciło się. Jeden z nich służył przedtem w amerykańskiej piechocie morskiej i walczył w wojnie wietnamskiej jako „trep" (na linii ognia), gdzie został poważnie ranny. Drugi był doskonale prosperującym biznesmenem, który zbił już taką fortunę, że „poszedł na emeryturę" w wieku 25 lat. Obydwoje byli zdolnymi, silnymi osobowościami, o niezwykle twardych charakterach.

Z założenia nie przystoi mnichom, by przejawiali skłonności do kłótni, ale oni takie posiadali. Mnisi zazwyczaj się nie biją, ale oni miewali na to ochotę. Szli oko w oko, łeb w łeb, ziejąc gniewem. W takcie zaciekłej wymiany słów, były żołnierz padł na kolana przed zszokowanym ex-biznesmenem, kłaniając się pokornie. Uniósł wzrok i powiedział:

– Przepraszam. Wybacz mi.

Był to jeden z tych rzadkich gestów, które płyną wprost z serca, które zawsze są spontaniczne i natchnione, a nie zaplanowane. Można rozpoznać je po ich bezpośredniości i po tym, że są absolutnie instynktowne.

Mnich ex-biznesmen rozpłakał się.

Kilka minut później widziano ich, jak spacerowali w przyjaźni. To przystoi mnichom.

Pozytywne przebaczanie

Słucham, jak mówicie, że przebaczanie może mieć miejsce tylko w świątyni, ale gdy okazujemy je w codziennym życiu, jesteśmy wykorzystywani. Ludzie będą nas źle traktować – po prostu myślą, że jesteśmy słabi. Zgadzam się. „Ten, kto nadstawia drugi policzek, musi odwiedzić dentystę dwa razy, a nie tylko raz!"

Rząd Tajlandii, o czym opowiadała poprzednia historia, wprowadzając bezwarunkową amnestię, zrobił znacznie więcej, niż tylko przebaczył. Doszukał się także kluczowego problemu, biedy, i sprytnie jej zaradził. To dlatego amnestia zadziałała.

Nazywam takie przebaczanie „pozytywnym przebaczaniem". „Pozytywny" oznacza pozytywne wzmacnianie, motywowanie takich zalet, które chcemy, by się pojawiły. „Przebaczanie" oznacza uwalnianie wad, które stanowią część problemu – nie rozpamiętywanie ich, ale pójście o krok dalej. Weźmy na przykład ogród – podlewanie w nim tylko chwastów, jest niczym kultywowanie problemów. Nie podlewanie niczego, jest jak okazywanie samego przebaczenia; natomiast podlewanie kwiatów, a nie chwastów, symbolizuje „pozytywne przebaczanie".

Jakieś dziesięć lat temu, w Perth, na koniec jednego z piątkowych wykładów podeszła do mnie pewna kobieta, chcąca ze mną porozmawiać. Odkąd tylko pamiętam, regularnie uczęszczała na piątkowe wykłady, ale dopiero teraz, po raz pierwszy, rozmawiała ze mną. Powiedziała, że chciała bardzo podziękować, nie tylko mnie, ale też wszystkim mnichom, którzy nauczali w naszym ośrodku. Potem wyjaśniła, dlaczego. Zaczęła przychodzić do naszej świątyni siedem lat temu. W tamtym czasie, jak wyznała, niespecjalnie zainteresowana była buddyzmem, ani też medytacją. Jedyną przyczynę jej obecności tutaj stanowiła wymówka, by wyjść z domu.

Miała agresywnego męża. Była ofiarą okrutnej przemocy domowej. W owych czasach, struktury pomocy socjalnej nie były jeszcze w stanie pomagać tego typu ofiarom. Przytłoczona piekłem gotujących się emocji, nie potrafiła znaleźć sposobu, by wydostać się stamtąd na zawsze. Dlatego przyszła do naszego ośrodka buddyjskiego z myślą, że te dwie godziny w świątyni, to dwie godziny, w ciągu których nikt nie będzie jej tłukł w pijackiej furii.

To, co usłyszała w naszej świątyni, odmieniło jej życie. Słuchała mnichów, mówiących czym jest pozytywne przebaczanie. Postanowiła wypróbować je w stosunku do swego męża. Powiedziała mi, że za każdym razem, gdy ją uderzył, wybaczała mu i uwalniała to. Jedynie ona wie, jak potrafiła tego dokonać. I kiedy tylko zrobił lub powiedział coś miłego, nawet małą błahostkę, tuliła się do niego, obsypując go pocałunkami, lub w inny sposób dawała mu do zrozumienia, jak wiele znaczy dla niej ta życzliwość. Nie uważała niczego za oczywiste.

Westchnęła i powiedziała mi, że zajęło jej to siedem długich lat. W tym momencie powilgotniały jej oczy i moje też.

– Siedem długich lat – powiedziała – a teraz ten człowiek jest nie do poznania. Zmienił się zupełnie. Nasz związek jest obecnie bezcenny i pełen miłości, i mamy dwójkę wspaniałych dzieci.

Jej twarz rozjaśnił promień świętości. Miałem ochotę paść przed nią na kolana, by oddać jej cześć w pokłonie.

– Widzisz ten klęcznik? – powiedziała, powstrzymując mnie. – Zrobił dla mnie ten drewniany medytacyjny klęcznik w tym tygodniu, jako niespodziankę. Siedem lat wstecz, użyłby go tylko po to, by mnie uderzyć!

Moje ściśnięte gardło puściło dopiero wtedy, jak roześmiałem się wraz z nią.

Podziwiam tę kobietę. Zapracowała na własne szczęście, które było olbrzymie, rzekłbym, doskonałością jej charakteru. I zmieniła potwora w troskliwego człowieka. Pomogła następnej osobie, imponująco.

Był to krańcowy przykład pozytywnego wybaczania, zalecanego jedynie tym, co sięgają świętości. Niemniej jednak, pokazuje to, co można osiągnąć, kiedy przebaczenie łączy się z motywacją dobra.

Budowanie szczęścia

Pochlebstwem sforsujesz wszelkie drzwi

Lubimy słuchać pochlebstw na swój temat, ale, niestety, zazwyczaj słyszymy tylko o naszych wadach. Myślę, że to jest w porządku, ponieważ my mówimy najczęściej jedynie o czyichś wadach. Rzadko kiedy kogoś chwalimy. Spróbuj posłuchać swoich słów.

Bez pochwał, bez pozytywnego stymulowania zalet, zalety te słabną i zanikają. Ale zaledwie drobniutka pochwała to już doskonały widok na ich wydobycie. Wszyscy lubimy zbierać pochwały; po prostu chcemy upewnić się, co musimy zrobić, by te pochwały na nasz temat usłyszeć.

Kiedyś w jakimś magazynie czytałem o grupie terapeutycznej, która wykorzystywała techniki pozytywnego wspierania dzieci, które miały rzadkie zaburzenie łaknienia. Kiedy tylko dzieciaki te zjadały obfity posiłek, wymiotowały nim niemal natychmiast. Kiedy jakiemuś dziecku udawało się zatrzymać w żołądku niewielki kęsek choć na minutę, cała grupa organizowała zabawę. Rodzice zakładali papierowe kapelusze i stawali na stołkach, klaszcząc i wiwatując; opiekunki tańczyły i rzucały kolorowe serpentyny; ktoś grał dzieciom ich ulubione piosenki. Urastało to nagle do wielkiego przyjęcia, w centrum którego był dzieciak, co nie zwymiotował.

Dzieci zaczęły coraz dłużej powstrzymywać się od wymiotów. Sama radość bycia powodem takiego szczęścia, przemianowała ich system nerwowy. Tamte dzieciaki tak bardzo pragnęły być chwalone. To samo jest z nami.

Ktokolwiek mówił, że „pochlebstwo do niczego nie prowadzi", był... ale, jak mi się zdaje, powinniśmy o nim zapomnieć. Pochlebstwo, mój przyjacielu, zawiedzie cię wszędzie!

Jak być VIP-em

W pierwszym roku naszego życia zakonnego nauczyłem się, jak budować. Pierwszym głównym osiągnięciem budowlanym była łaźnia, czyli miejsce ablucji, z sześcioma toaletami i sześcioma prysznicami, a więc musiałem nauczyć się wszystkiego na temat robót hydraulicznych. By się tego nauczyć, wziąłem wszystkie plany do sklepu z materiałami wodno-kanalizacyjnymi, położyłem te plany na ladzie i rzekłem:

– Pomocy!

Było to spore zamówienie, więc mężczyzna za ladą, Fred, nie miał nic przeciwko temu, by poświecić dodatkowy czas, wyjaśniając, jakich części nam potrzeba, dlaczego są niezbędne, i jak to wszystko razem posklejać. Ostatecznie, dzięki wielkiej cierpliwości, zdrowemu rozsądkowi i wsparciu ze strony Freda, kanalizacja była w całości ukończona. Przyszedł nasz lokalny inspektor sanitarny, poddał wszystko skrupulatnej kontroli i przeszło. Byłem rozanielony.

Kilka dni później, przyszedł rachunek za części kanalizacyjne. Poprosiłem naszego skarbnika o czek i wysłałem go z wyrazami podziękowania, specjalnie dla Freda, za pomoc przy rozpoczęciu budowy naszego zgromadzenia klasztornego.

Wówczas nie zdawałem sobie sprawy z tego, że tak wielka firma z branży wodnokanalizacyjnej, posiadająca swoje filie w całym Perth, ma osobny dział księgowości. Mój list został otwarty i przeczytany przez urzędnika, pracującego w tym dziale, który zaskoczony nim wielce, natychmiast zaniósł go do głównego księgowego. Zazwyczaj, kiedy księgowość dostaje jakieś listy dołączone do czeku, są to skargi. Główny księgowy był także zdumiony i zaniósł mój list do dyrektora całej firmy. Dyrektor przeczytał list i był tak zadowolony, że złapał za telefon na biurku i zadzwonił do Freda z działu sprzedaży w jednej z ich licznych filii i powiedział mu o moim liście, leżącym na jego kosztownym mahoniowym biurku.

– Tego właśnie szukamy w naszej firmie, Fred. Relacje z klientem! To o wiele więcej.

– Tak, proszę pana.

– Zrobiłeś doskonałą robotę, Fred.

– Tak, proszę pana.

– Chciałbym mieć więcej pracowników, takich jak ty.

– Tak, proszę pana.

– Ile teraz zarabiasz? Być może coś dorzucimy?

– TAAK, PROSZĘ PANA!

– Dobra robota, Fred!

– Dziękuję Panu.

Zaraz potem, za jakieś dwie godziny, poszedłem do sklepu z artykułami wodnokanalizacyjnymi, by zamienić jakąś część do następnej roboty. Było tam dwóch potężnych Australijczyków-hydraulików, barczystych jak dęby, czekających na mnie tuż za ladą. Ale zauważył mnie Fred.

– BRACIE! – powiedział uśmiechając się szeroko. – Proszę tutaj.

Potraktowano mnie jak VIP-a. Zaprowadzono na zaplecze, gdzie nie mają wstępu zwyczajni klienci, bym wybrał sobie część zamienną, której mi potrzeba. Kumple, stojący za ladą z Fredem, powiedzieli mi o niedawnym telefonie od głównego dyrektora.

Znalazłem odpowiednią część. Była większa i znacznie droższa od tej, którą zwracałem.

– Ile jesteśmy ci winni? – zapytałem. – Ile wynosi różnica?

Fred, z uśmiechem od ucha do ucha, odpowiedział:

– Bracie, dla was, nie ma żadnej różnicy!

Tak więc pochwała popłaca, i to także dosłownie.

Z uśmiechem przyklejonym do twarzy

Pochwała oszczędza nam pieniędzy, wzbogaca nasze związki i relacje z innymi i rodzi szczęście i radość. Musimy to, w dużej części, szerzyć wokół.

Najtrudniej pochwalić samego siebie. Wychowano mnie, by uważać, że ktoś, kto chwali samego siebie, staje się zarozumiały. To nie tak. Oni stają się zarozumialcami. Chwalenie przed samym sobą własnych zalet, jest pozytywnym stymulowaniem ich.

Kiedy byłem studentem, mój pierwszy nauczyciel medytacji dał mi kilka praktycznych rad. Zaczął, pytając mnie o pierwszą rzecz, jaką dzisiaj rano zrobiłem zaraz po wstaniu z łóżka.

– Poszedłem do łazienki – powiedziałem.

– Czy masz w łazience lustro? – zapytał.

– Oczywiście.

– Dobrze – powiedział. – Teraz, każdego ranka, zanim jeszcze umyjesz zęby, chcę, byś popatrzył w to lustro i się do siebie uśmiechnął.

– Mistrzu! – zacząłem protestować. – Jestem studentem. Czasami kładę się do łóżka bardzo późno i wstaję rano w nie najlepszej formie. Czasami rano, aż boję się spojrzeć na siebie w lustro, a co dopiero uśmiechnąć się?

Roześmiał się, spojrzał mi prosto w oczy i rzekł:

– Jeśli nie potrafisz uśmiechnąć się w sposób naturalny, połóż jeden palec wskazujący obok jednego kącika ust, drugi obok drugiego i podciągnij do góry. O tak – i zademonstrował mi.

Wyglądał dziwacznie. Zachichotałem. Kazał mi spróbować. I spróbowałem.

Zaraz następnego ranka wywlokłem się z łóżka i dotaszczyłem do łazienki. Spojrzałem na siebie w lustrze. „Rany!" Nie był to piękny widok. Uśmiech nie należał do stałych bywalców. Więc położyłem palce wskazujące na kącikach ust – po jednym z każdej strony i podciągnąłem do góry. Zobaczyłem wtedy tego młodego durnowatego studenta, robiącego głupie miny do lustra i nie mogłem się nie roześmiać. Jako że był to śmiech naturalny, zobaczyłem w lustrze studenta, który uśmiecha się do mnie. Więc uśmiechnąłem się jeszcze bardziej. Facet z lustra też szerzej się uśmiechnął. Po paru sekundach, nawzajem zarykiwaliśmy się z siebie.

Powtarzałem ten rytuał codziennie, przez dwa lata. Każdego ranka, niezależnie od tego, jak czułem się zaraz po wstaniu z łóżka, niebawem śmiałem się do siebie w lustrze, zazwyczaj z pomocą moich dwóch palców. Mówili mi, że w tamtym okresie bardzo dużo się uśmiechałem.

Prawdopodobnie, mięśnie wokół moich ust utrwaliły się w tej pozycji.

Możemy próbować sztuczki z dwoma palcami o każdej porze dnia. Jest to wyjątkowo pomocne, gdy czujemy się chorzy, zmęczeni czy zdołowani. Dowiedziono, że śmiech uwalnia do naszej krwi endorfiny, co wzmacnia nasz system odpornościowy i sprawia, że czujemy się szczęśliwi i zadowoleni.

Pomaga nam to widzieć 998 dobrych cegieł w naszym murze, nie tylko te dwie feralne. A śmiech sprawia, że wyglądamy pięknie. To dlatego czasami dzwonię do naszego „Salonu piękności Ajahna Brahma" w buddyjskim klasztorze w Perth.

Bezcenne nauki

Powiedziano mi, że depresja uruchomiła przemysł, którego zyski sięgają miliardów dolarów. To jest dopiero załamujące! To niesprawiedliwe, by bogacić się na czyimś cierpieniu. Nasza surowa reguła zabrania mnichom posiadania pieniędzy i nigdy nie pobieramy żadnych opłat za wykłady, za porady czy jakiekolwiek inne posługi.

Pewna Amerykanka zadzwoniła do wysoko postawionego w hierarchii zakonu mnicha, sławnego nauczyciela medytacji, by dowiedzieć się, jak można nauczyć się medytacji.

– Słyszałam, że nauczasz technik medytacyjnych – mówiła, cedząc słowa.

– Tak, proszę pani, nauczam – odpowiedział uprzejmie.

– Ile za to bierzesz? – zapytała, przechodząc do sedna.

– Nic, proszę pani.

– A zatem nie możesz być dobry! – odpowiedziała i rozłączyła się.

Kilka lat temu, dostałem podobny telefon od pewnej Australijki pochodzenia polskiego:

– Czy jest dziś wieczorem jakiś wykład w waszym ośrodku? – zapytała.

– Tak, proszę pani. Zaczyna się o dwudziestej – powiedziałem jej.

– Ile trzeba zapłacić? – zapytała.

– Nic, proszę pani, wstęp wolny – wyjaśniłem. I tu cisza.

– Nie zrozumiałeś mnie – powiedziała z naciskiem. – Ile muszę zapłacić, by wysłuchać wykładu?

– Proszę pani, nie musi pani nic płacić, jest za darmo – powiedziałem najdelikatniej, jak tylko potrafiłem.

– Posłuchaj! – krzyknęła na mnie do słuchawki. – Dolary! Centy! Ile muszę wybulić, by mnie wpuszczono?

– Proszę pani, nie musi pani nic bulić. Po prostu proszę wejść. Usiąść z tyłu i wyjść, kiedy tylko pani zechce. Nikt nie będzie pytał panią o nazwisko czy adres, nie dostanie pani żadnych ulotek, a przy wejściu nikt nie zażąda żadnych datków. Nie ma zupełnie żadnych opłat.

Teraz cisza była długa.

Wtem zapytała, z naprawdę szczerym zainteresowaniem:

– No dobra, chłopaki, co wy z tego macie?

– Zadowolenie i szczęście, proszę pani – odpowiedziałem – Szczęście.

Obecnie, gdy ktoś zapyta mnie, ile kosztują takie nauki, nigdy nie mówię, że są za darmo. Mówię, że są bezcenne.

Nic nie trwa wiecznie

To, co najbardziej bezcenne jest w naukach, a pomocne w przypadku depresji, jest także czymś najłatwiejszym. Ale nauki, które wydają się łatwe, często bywają niewłaściwie zrozumiane. Jedynie wówczas, gdy ostatecznie pozbędziemy się depresji, będziemy w stanie stwierdzić, że właściwie zrozumieliśmy tę oto historię.

Nowoosadzony więzień bał się i był bardzo przygnębiony. Mury jego celi zionęły chłodem, grube, żelazne kraty szydziły z jakiegokolwiek przejawu współczucia. Rażące zderzenie z metalem, grodzącym wszystkie zamknięte wyjścia, niweczyło wszelkie nadzieje. Jego serce pogrążało się w zapaści, coraz głębszej w miarę odsiadywania kary. Na ścianie, u wezgłowia jego pryczy, zobaczył wydrapane w kamieniu te oto słowa: NIC NIE TRWA WIECZNIE.

Te słowa podnosiły go na duchu, zapewne też musiały być podporą i dla jego poprzednika. Choć było to dla niego szalenie trudne, patrzył na napis i powtarzał w pamięci: „Nic nie trwa wiecznie". W dniu swego wyjścia, poznał prawdę tych słów. Odsiedział karę skończyło się też więzienie.

Kiedy już odzyskał swoje życie, nigdy nie zapominał o tamtym przesłaniu, zapisywał je na skrawkach papieru i trzymał przy łóżku, w swoim samochodzie i w pracy. Nawet, gdy czasy były gorsze, nigdy nie dopadało go przygnębienie. Po prostu, zawsze pamiętał: „Nic nie trwa wiecznie" i walczył dalej. Zły okres nigdy nie wydawał się wówczas taki długi. A kiedy wreszcie nadchodziły dobre dni, cieszył się nimi, ale zawsze zachowywał w tym ostrożność. Bo pamiętał przecież: „Nic nie trwa wiecznie" i dalej pracował nad swoim życiem, niczego z góry nie zakładając. Dobre czasy zawsze wydawały się trwać niezwykle długo.

Nawet, gdy rozchorował się na raka, „Nic nie trwa wiecznie" dawało mu nadzieję. Nadzieja dała mu siłę i pozytywne nastawienie, które pokonały raka. Pewnego dnia onkolog potwierdził, że „rak też nie trwał wiecznie".

Pod koniec swego życia, na łożu śmierci, wyszeptał do swych ukochanych: „Nic nie trwa wiecznie" i spokojnie udał się na tamtą stronę. Jego słowa były ostatnim podarunkiem miłości dla rodziny i znajomych. Nauczyli się od niego, że „smutek też nie trwa wiecznie"[5].

Przygnębienie to więzienie, przez które niejeden z nas przechodzi. „Nic nie trwa wiecznie" pomaga nam powrócić do zdrowia. Pozwala także uniknąć jednej z najpoważniejszych przyczyn depresji, jaką jest przeświadczenie, że dobre dni to coś oczywistego.

Heroiczne poświęcenie

Kiedy uczyłem w szkole, moją uwagę zwrócił jeden z trzydziestu uczniów mojej klasy, który na egzaminie na koniec roku zdobył ostatnią lokatę. Widziałem, że z powodu swoich wyników czuje się przygnębiony, więc wziąłem go na rozmowę.

Powiedziałem mu:

– W klasie liczącej trzydzieścioro uczniów, ktoś musiał zdobyć trzydziestą pozycję. W tym roku, zdarzyło się to tobie, czym zdobyłeś się na heroiczne poświęcenie, by nikt z twoich kolegów nie musiał cierpieć na honorze, będąc na samym końcu. Zasługujesz na medal.

Obydwoje wiedzieliśmy, że to, co mówię, jest absurdalne, ale uśmiechnął się szeroko. Nie uważał już tego za „koniec świata".

Następnego roku poszło mu znacznie lepiej, podczas gdy ktoś inny musiał zdobyć się na heroiczne poświęcenie.

Kupa łajna

Nieprzyjemne rzeczy, takie jak bycie ostatnim w klasie, zdarzają się w życiu. Zdarzają się każdemu. Jedyna różnica pomiędzy szczęśliwym człowiekiem, a tym przygnębionym, leży w tym, jak reagują oni na niepowodzenia i klęski.

Wyobraź sobie, że właśnie spędziłeś z dziewczyną cudowne popołudnie na plaży. Kiedy wracasz do domu, widzisz, że ktoś wywalił ci przed drzwiami całą kupę łajna. Co do kupy łajna, to musisz pamiętać o trzech rzeczach:

1. Nie zamawiałeś tego. To nie twoja wina.
2. Jesteś na nią skazany. Nikt nie widział, kto to zrobił, więc nie możesz do nikogo zadzwonić, by ją usunął.
3. Jest to paskudne i obraźliwe, a jego smród wypełnia cały twój dom. Jest to wprost nie do wytrzymania.

W tej metaforze, kupa łajna przed twoim domem symbolizuje traumatyczne doświadczenia, które piętrzą się w całym naszym życiu. Podobnie, jak z kupą łajna, tak i w przypadku naszych życiowych tragedii, należy pamiętać o trzech rzeczach:

1. Nie zamawialiśmy jej. Mówimy: „Dlaczego ja?".
2. Jesteśmy na nią skazani. Nikt, nawet nasi najlepsi przyjaciele, nie mogą jej od nas zabrać (mimo, że próbowali).
3. Jest to takie straszne, ten okrutny niszczyciel naszego szczęścia i ból z jego powodu, wypełniają całe nasze życie. Jest to wprost nie do wytrzymania.

Są dwa sposoby reakcji, gdy jesteśmy skazani na kupę łajna. Pierwszy sposób to taszczenie tego łajna wszędzie ze sobą. Upychamy część jego w kieszeniach, część w torbach, a część mamy na ubraniu. Mamy je nawet w gaciach. Zauważamy, że gdy nosimy je ze sobą, ubywa nam znajomych! Nawet najbliższi przyjaciele przestają przychodzić tak często.

„Noszenie tego gnoju" to metafora popadania w depresję, negacja lub gniew. Jest to naturalna i zrozumiała reakcja na problemy. Ale tracimy wielu znajomych, ponieważ to także jest naturalne, że nasi znajomi nie lubią przebywać z nami, kiedy jesteśmy bardzo przygnębieni. Co więcej, kupa gnoju nie maleje, natomiast smród, w miarę rozkładu, staje się coraz gorszy.

Na szczęście jest drugi sposób. Kiedy zasypią nas kupą łajna, wzdychamy i zabieramy się do roboty. Pojawiają się taczki, widły i łopaty. Przerzucamy widłami gnój na taczki, wywozimy na tył domu i zakopujemy w ogrodzie. Jest to męcząca i trudna praca, ale wiemy, że nie ma innego wyjścia. Czasami uporamy się tylko z połową taczki dziennie. Robimy coś z tym problemem, zamiast narzekając, ładować się w depresję. Dzień po dniu, przerzucamy gnój. Z dnia na dzień kupa maleje. Czasami zabiera to całe lata, ale przychodzi taki ranek, gdy zobaczymy, że już tej kupy przed naszym domem nie ma. Kwiaty w całym ogrodzie rozkwitają bogactwem kolorów. Ich zapach roznosi się na ulicę, więc sąsiedzi, a nawet przypadkowi przechodnie, uśmiechają się z zachwytu. A tu jeszcze, owocowe drzewo w rogu prawie się łamie i to pod ciężarem owoców. A owoce są tak słodkie, nigdzie nie można takich kupić. Jest ich tak dużo, że możemy podzielić się nimi z naszymi sąsiadami. Nawet przypadkowi przechodnie mogą zasmakować tych cudownych owoców.

„Kopanie w gnoju" to metafora mówiąca, byśmy traktowali niepowodzenia jako nawóz dla naszego życia. Jest to praca, którą musimy wykonać sami: nikt nie może nam w tym pomóc. Ale przerzucając gnój do ogrodu naszego serca, dzień po dniu, czynimy, że góra bólu maleje. Może to zabrać nam wiele lat, ale nadejdzie taki ranek, kiedy nie zobaczymy już więcej bólu w naszym życiu, i stanie się cud w naszym sercu. Zakwitnie łąka życzliwości, a zapach kwiatów miłości będzie rozchodził się po ulicy, do naszych sąsiadów, do naszych związków i nawet do przechodniów. Wtedy nasze drzewo mądrości w rogu ogrodu ugnie się w naszym kierunku, bogate w słodkie owoce prawdy na temat istoty życia. Będziemy śmiało dzielić się tymi wspaniałymi owocami, nawet z tymi, co przechodzą obok, i to spontanicznie.

Tylko wówczas, gdy doświadczyliśmy bolesnej tragedii, dostaliśmy nauczkę i wypielęgnowaliśmy nasz ogród, mamy prawo objąć kogoś, kto przeżywa głęboki dramat i powiedzieć, bardzo delikatnie: „Rozumiem". Oni będą mieli świadomość zrozumienia z naszej stromy. Zaczyna się współczucie. Pokazujemy im taczki, widły i łopatę oraz okazujemy bezgraniczne wsparcie i otuchę. Jeśli do tej pory nie zadbaliśmy o nasz ogród, nie wolno nam tego robić.

Znam wielu mnichów, biegłych w medytacji, którzy są wyciszeni, opanowani, przejawiają niezmącony spokój w nieszczęściu. Ale zaledwie nielicznym z nich udało się zostać wybitnymi nauczycielami. Często zastanawiam się, dlaczego.

Teraz odnoszę takie wrażenie, że ci mnisi, którym było stosunkowo łatwo w życiu i dostali zaledwie niewielką kupkę gnoju do przekopania, to ci, którzy nauczycielami nie zostali. Natomiast mnisi, którzy mieli niewyobrażalne problemy, uporali się z nimi w spokoju, i wyszli z nich doczekawszy się bujnego ogrodu, udało się im zostać wielkimi nauczycielami. Wszyscy razem przejawiają mądrość, niezmącony spokój i współczucie. Ale ci, z większą kupą gnoju, mają światu więcej do zaoferowania. Mój nauczyciel, Ajahn Chah, który według mnie był mistrzem mistrzów, musiał wcześniej w swoim życiu przebrnąć chyba przez całe hałdy gnoju przed swoimi drzwiami.

Być może morał z tej opowieści jest taki, że jeśli chcesz przysłużyć się światu, jeśli pragniesz podążać ścieżką współczucia, wówczas, gdy następnym razem pojawi się w twoim życiu tragedia, powiesz: „Hurraaa! Nowa dostawa nawozu do mojego ogrodu!”.

To za wiele, by o tym marzyć

To za wiele, by marzyć o życiu bez bólu,
To źle, by oczekiwać życia bez bólu,
Gdyż ból chroni nasze fizyczne ciało.
Niezależnie, jak bardzo go nie lubimy,
Przecież nikt nie lubi bólu,
Ból jest ważny,
I dlatego,
Musimy być wdzięczni za ból!

Jak inaczej moglibyśmy wiedzieć,
By nie pchać ręki do ognia?
Palca pod nóż?
Nie nadziać się stopą na kolec?
Stąd ból jest ważny,
I musimy być wdzięczni za ból!

Aczkolwiek,
Istnieje pewien typ bólu, niepotrzebny niczemu,
To ból przewlekły,
To takie elitarne pasmo bólu, nie dla obrony.
To atakująca siła.
Agresor z wewnątrz
Niszczyciel naszego szczęścia
Agresywny napastnik na naszą niezależność
Bezustanny najeźdźca naszego spokoju
A także,
Trwały prześladowca

Chroniczny ból to twardy orzech do zgryzienia
dla naszego umysłu.
Czasami nie potrafi sobie z nim poradzić,
Jednak, stale musimy próbować,
Próbować,
Próbować,
Bo inaczej on zniszczy nas.

I tak,
Z batalii tej płyną same korzyści.
Satysfakcja z pokonywania bólu.
Osiągnięcie szczęścia i spokoju z życia, mimo wszystko.
Jest to wyczyn nie lada,
Wyczyn bardzo wyjątkowy, bardzo osobisty,
Poczucie potęgi,
Wewnętrznej siły,
Której należy doświadczyć, by ją zrozumieć.

I tak, wszyscy musimy akceptować ból,
Nawet, gdy czasami jest wyniszczający.
Bo jest częścią struktury rzeczy,
A umysł sobie z nim poradzi,
I zyska tym siłę.

– Jonathan Wilson-Fuller*

Posłużyłem się tym wierszem – za uprzejmą zgodą autora – dlatego, że Jonathan napisał go w wieku dziewięciu lat![6]

Bycie koszem na śmieci

Częścią mojej pracy jest wysłuchanie ludzkich problemów. Mnisi to czysty zysk, bo nigdy za nic nie pobierają opłat. Często, kiedy słyszę, w jakie skomplikowane, zawikłane sytuacje pakują się ludzie, moje współczucie i empatia wobec nich sprawiają, że też wpadam w przygnębienie. By pomóc człowiekowi wyjść z kanału, muszę czasami znaleźć się w nim sam, by sięgnąć po ich dłoń – ale nigdy nie zapominam, by wziąć ze sobą drabinę. Po skończonej sesji, jak zwykle mam jasność. Moje porady przechodzą bez echa, ze względu na sposób, w jaki mnie ich nauczono.

Ajahn Chah, mój nauczyciel w Tajlandii, powiadał, że mnisi muszą być jak kosze na śmieci. Mnisi, a zwłaszcza mnisi z długim stażem, muszą siedzieć w swoim klasztorze, wysłuchiwać ludzkich problemów i przyjmować ich wszystkie brudy. Kwestie małżeńskie, kłopoty z nastoletnimi dzieciakami, spięcia w związkach, problemy finansowe – słyszymy tego mnóstwo. Nie wiem, dlaczego. Co może wiedzieć mnich zakonny o problemach małżeńskich? Opuściliśmy świat, żeby pozbyć się tego śmiecia. Ale ze względu na współczucie, siedzimy i słuchamy, dzielimy się spokojem i dostajemy w zamian te wszystkie śmieci.

Ajahn Chah dawał taką wyjątkową, jedyną radę. Powiedział nam, byśmy byli jak kosze na śmieci, dziurawe na dnie! Mieliśmy przyjmować wszystkie śmieci, ale ich nie przechowywać.

Stąd też, prawdziwy przyjaciel, doradca czy adwokat, jest jak kosz na śmieci bez dna, i nigdy nie jest nadto przepełniony, by nie wysłuchać kolejnego problemu.

A może to sprawiedliwe!

W przygnębieniu często myślimy: „To niesprawiedliwe! Dlaczego akurat ja?”. Ułatwiłoby trochę sprawy, gdyby życie było bardziej sprawiedliwe.

Pewien więzień w średnim wieku, z mojej więziennej grupy medytacyjnej, chciał zobaczyć się ze mną po zakończonej sesji. Przychodził już parę miesięcy i poznałem go dość dobrze.

– Bracie – powiedział – Chcę ci powiedzieć, że nie popełniłem przestępstwa, za które zamknięto mnie w tym więzieniu. Jestem niewinny. Wiem, że wielu skazańców powtarza to samo i kłamią, ale ja wyznaję ci prawdę. Nie kłamałbym tobie, Bracie, nie tobie.

Uwierzyłem mu. Okoliczność i sposób jego zachowania przekonały mnie, że mówił prawdę. Zacząłem rozmyślać, jak bardzo było to nie w porządku i zastanawiać się, w jaki sposób można by naprawić tę wielką niesprawiedliwość. Ale on przerwał moje myśli.

Z szelmowskim uśmiechem, powiedział:

– Ale Bracie, popełniłem jeszcze tak wiele przestępstw, za które mnie nie złapano, więc wydaje mi się, że jest w porządku!

Roześmiałem się jeszcze bardziej niż on. Stary wyga zrozumiał prawo karmy, nawet lepiej, niż niektórzy znajomi mi mnisi.

Jak często zdarza się nam, że popełniamy „przestępstwo”, jakiś krzywdzący, złośliwy czyn i nie każe się nam tego odpokutować? Czy kiedykolwiek wówczas powiemy: „To nie w porządku! Dlaczego mnie nie złapano?”.

Kiedy każe się nam cierpieć bez żadnego oczywistego powodu, jednakowoż, biadolimy: „To niesprawiedliwe! Dlaczego akurat ja?”. Być może, to jest sprawiedliwe. Tak jak w historii o więźniu, być może było jeszcze wiele innych „przestępstw”, na których nie zostaliśmy złapani, i życie, mimo wszystko, okazało się sprawiedliwe.

Poważne problemy i ich zbawienne rozwiązania

Prawo karmy

Wielu ludzi z Zachodu niewłaściwie rozumie prawo karmy. Mylą go z fatalizmem, według którego człowiek z góry skazany jest na cierpienie z powodu jakiegoś nieznanego przestępstwa w zapomnianej przeszłości. Nie jest to dokładnie tak, co pokazuje nam następująca historia.

Dwie kobiety piekły ciasto, każda swoje.

Pierwsza kobieta miała marnej jakości składniki. Stara biała mąka, miała zielonkawe ślady pleśni, które najpierw trzeba było usunąć. Masło, bomba cholesterolowa, zaczynało już jełczeć. Musiała wyjąć brązowe grudki z białego cukru (ponieważ ktoś zanurzył w nim łyżeczkę z kawy), a jedynymi owocami, które miała, były przestarzałe rodzynki, twarde jak kamień. A kuchnię miała w stylu, jak to nazywano, „międzywojennym", gdzie słowo „międzywojenny" było sprawą dyskusyjną.

Druga kobieta miała doskonałej jakości składniki. Ekologiczna mąka z pełnego przemiału nie zawierała w sobie czynników modyfikowanych genetycznie. Miała bezcholesterolową margarynę, brązowy cukier i soczyste owoce wprost z własnego ogrodu.

A jej kuchnia była supernowoczesna, z dopracowanym każdym najnowszym gadżetem.

Która z kobiet upiekła smaczniejsze ciasto?

Często się zdarza, że nie ta osoba, która ma najlepsze składniki, piecze lepsze ciasto – sedno tkwi w samym pieczeniu ciasta, a nie tylko w składnikach. Czasami osoba, mając złej jakości składniki, wkłada tak wiele wysiłku, zaangażowania i serca w to pieczenie, że ciasto udaje się wyśmienicie i nie ma sobie równego. Sedno w tym, że liczy się to, jak postępujemy ze składnikami.

Miałem kilku znajomych, którzy mieli marne składniki, na bazie których musieli pracować w swoim życiu. Urodzili się w ubóstwie, prawdopodobnie jako dzieci byli wykorzystywani, niezbyt bystrzy w szkole, może upośledzeni i zupełne antytalencia sportowe. Ale z tych kilku zalet, które razem tak doskonale połączyli, wyszło im imponująco smaczne ciasto. Podziwiam ich wielce. Czy rozpoznajecie takie osoby?

Miałem innych znajomych, którzy mieli wspaniałe składniki, na bazie których musieli w swoim życiu pracować. Ich rodziny były zamożne i pełne miłości, byli w szkole inteligentni, sportowo utalentowani, dobrze wyglądali i cieszyli się powodzeniem, a jednak zmarnowali swoje młode lata na narkotykach czy alkoholu. Czy rozpoznajecie kogoś takiego?

Połowę karmy stanowią składniki, na których musimy pracować. Drugą połową, najważniejszą z ważniejszych jest to, co z nimi zrobimy w tym życiu.

Filiżanka herbaty, gdy już nie ma innego wyjścia

Zawsze jest coś, co możemy zrobić z poszczególnymi składnikami naszego dnia, nawet, jeśli nie jest to nic innego, jak siedzenie i delektowanie się naszą ostatnią filiżanką herbaty. Następną historię opowiedział mi emerytowany nauczyciel, który służył w brytyjskiej armii podczas II wojny światowej.

Patrolował lasy birmańskie. Był młody, daleko od domu i bardzo przerażony. Powrócił zwiadowca z jego patrolu, by opowiedzieć kapitanowi mrożące krew w żyłach wieści. Ich mały patrol natknął się na pokaźną liczbę oddziałów japońskich. Przewyższały ich liczebnie i zdołały otoczyły. Młody brytyjski żołnierz przygotował się na śmierć.

Spodziewał się, że kapitan rozkaże ludziom utorować sobie drogę i jakoś wydostać się stamtąd. Była to męska rzecz do zrobienia. Być może ktoś by podołał. Jeśli nie, no cóż, może wzięliby ze sobą na śmierć kilku wrogich żołnierzy. Tak postępowali żołnierze.

Ale nie żołnierz, który był kapitanem. Rozkazał swoim ludziom nie ruszać się z miejsca, usiąść i wypić filiżankę herbaty. To była, ostatecznie, brytyjska armia!

Młody żołnierz pomyślał, że jego dowódca oszalał. Jak można myśleć o filiżance herbaty, gdy jest się otoczonym przez wroga, bez żadnego wyjścia, mając zaraz umrzeć? W wojsku, szczególnie podczas wojny, rozkazów trzeba słuchać. Wszyscy zrobili to, co uważali za ostatnią w swoim życiu filiżankę herbaty. Zanim dopili ostatni łyk, wrócił zwiadowca i szepnął coś kapitanowi. Kapitan poprosił ludzi o uwagę.

– Wróg przeniósł się – oznajmił. – Teraz mamy wyjście. Pakujcie swój ekwipunek szybko i bez hałasu – idziemy!

Wszyscy wydostali się bezpiecznie, dzięki czemu mógł opowiedzieć mi tę historię wiele lat później. Powiedział mi, że zawdzięcza swoje życie mądrości tego kapitana, nie tylko w wojnie w Birmie, ale też w licznych sytuacjach potem. Zdarzyło mu się kilka razy w życiu, że czuł się niczym otoczony przez wroga, przewyższającego go liczebnie, bez żadnego wyjścia, mającego zaraz umrzeć. Za „wroga" uważał poważną chorobę, potężne trudności i tragedię, z których nie było widać wyjścia. Gdyby nie doświadczenie z Birmy, próbowałby jakoś sforsować problem, co niewątpliwie jeszcze by go pogorszyło. Zamiast tego, kiedy śmierć lub śmiertelne kłopoty otoczyły go ze wszystkich stron, po prostu usiadł i zrobił sobie filiżankę herbaty.

Świat stale się zmienia, życie płynie. Wypił herbatę, zebrał siły i czekał na moment, który zawsze przychodzi wówczas, kiedy on będzie w stanie zrobić coś skutecznego, na przykład – uciec.

Dla tych, co nie lubią herbaty, mam inne powiedzenie: „Kiedy nie można nic zrobić, po prostu nie rób nic".

To wydaje się oczywiste, ale może także Tobie uratować życie.

Płynąc z prądem

Pewien mądry mnich, którego znam od lat, wędrował wraz ze swoim starym przyjacielem po dzikich okolicach antypodów. Późnym popołudniem dotarli na wielką bezludną plażę. Choć kąpiel w morzu dla przyjemności jest wbrew regule zakonnej, błękitna woda kusiła go, a on potrzebował się ochłodzić po długiej wędrówce, więc zrzucił z siebie wszystko i wszedł do wody.

W latach swej młodości, jeszcze jako osoba świecka, był doskonałym pływakiem. Ale teraz, gdy był już mnichem, po raz ostatni pływał wiele lat temu. Po kilku minutach pluskania na spienionej fali, porwał go silny pływ, ściągający go w głąb morza. Powiedziano mu potem, że była to najgroźniejsza plaża, ze względu na silne prądy.

Początkowo, mnich próbował płynąć pod prąd. Wkrótce sobie jednak uświadomił, że prąd był dla niego zbyt silny. I wówczas przyszły mu z pomocą lata treningu. Uspokoił się, opanował i zaczął płynąć wraz z prądem.

Był to akt niezwykłej odwagi, by uspokoić się w takiej sytuacji, widząc, jak brzeg stopniowo znika w oddali. Miał setki metrów do brzegu, kiedy pływ prądu ustał. Od razu zaczął odpływać od szczeliny pływu w kierunku wybrzeża.

Powiedział mi, że droga powrotna pozbawiła go całego zapasu energii, do cna. Dotarł do plaży kompletnie wyczerpany. Był pewien, że gdyby walczył z prądem, ten by go pokonał. Byłby na tyle wyczerpany, że nie dałby rady wrócić. Gdyby nie odpuścił i zmagał się z prądem, wiedział, że na pewno poszedłby na dno.

Tego typu opowieści pokazują, że powiedzenie „Kiedy nie można nic zrobić, po prostu nie rób nic", nie jest wyssane z palca. Wręcz przeciwnie, może uchodzić za ratującą życie mądrość. Kiedy tylko prąd jest silniejszy niż ty, to czas, by dać mu się ponieść. Kiedy jesteś w stanie skutecznie zadziałać, to czas, by przejąć inicjatywę.

Pomiędzy tygrysem a wężem

Jest taka stara opowieść buddyjska, która pokazuje prawie tak samo, jak i poprzednia historia, jak możemy reagować na wszelkie kryzysowe sytuacje w życiu, czy w obliczu śmierci.

Pewnego człowieka gonił w dżungli tygrys. Tygrysy biegają znacznie szybciej niż ludzie i także zjadają ludzi. Tygrys był głodny, człowiek był w tarapatach.

Gdy tygrys był tuż, tuż za nim, człowiek dostrzegł studnię przy ścieżce. W akcie desperacji, dał do niej susa. Po tym, jak zdecydował się na skok, zobaczył, jak wielki popełnił błąd. Studnia była sucha, a na jej dnie, dostrzegł wijącego się, dużego czarnego węża.

Instynktownie, jego ręka sięgnęła w kierunku ściany, gdzie natrafiła na korzeń drzewa. Korzeń zamortyzował jego upadek. Kiedy pozbierał się w sobie, spojrzał w dół i zobaczył, jak duży czarny wąż wysunął swoją głowę na całą długość, próbując ukąsić go w stopę, ale jego stopy były milimetr wyżej. Spojrzał w górę i zobaczył, jak tygrys, z łbem w studni, próbuje chwycić go łapą od góry, ale jego ręka, którą uchwycił się korzenia, była o milimetr za nisko. Kiedy zastanawiał się nad swoją tragiczną sytuacją, zobaczył dwie myszy, jedną białą, drugą czarną, które wychodzą z małej szczeliny i zaczynają podgryzać korzeń.

Kiedy tygrys próbował przednią łapą dorwać człowieka, tylnimi łapami napierał na niewielkie drzewo, trzęsąc nim. Na gałęzi drzewa, tuż nad studnią, był ul. Miód zaczął kapać do studni. Człowiek wysunął język i złapał kilka kropel.

– Mniammm! To jest dobre – powiedział do siebie i uśmiechnął się.

Tradycyjnie już, historia ta, kończy się w tym miejscu. To dlatego jest tak realistyczna. Życie, podobnie jak niekończące się mydlane opery, nie ma określonego zakończenia. Życie niezmiennie jest w trakcie zakończenia.

Co więcej, zawsze dzieje się tak w naszym życiu, jakbyśmy byli uwięzieni pomiędzy czyhającym na nas głodnym tygrysem, a dużym czarnym wężem, pomiędzy śmiercią a czymś jeszcze gorszym, pomiędzy dniem i nocą (biała i czarna mysz), które zmyślnie manipulują jeszcze naszą tragiczną sytuacją. Nawet w tak beznadziejnych sytuacjach, zawsze znajdzie się gdzieś kapiący miód, zupełnie nie wiadomo skąd. Jeśli jest w nas mądrość, wystawimy swój język i będziemy cieszyć się nawet odrobiną tego miodu. Dlaczego nie? Kiedy nie można nic zrobić, to nie rób nic, posmakuj trochę miodu życia.

Jak już powiedziałem, historia tradycyjnie w tym miejscu się kończy. Jednakże, by zwrócić uwagę, często opowiadam słuchaczom prawdziwe zakończenie. Oto, co zdarzyło się później.

Gdy człowiek delektował się miodem, myszy nadgryzały korzeń, który stawał się coraz cieńszy i cieńszy, duży czarny wąż był coraz bliżej, by sięgnąć stóp człowieka, tygrys przywarł cielskiem do studni, więc pazurami prawie sięgał ręki mężczyzny. I wtem zwierzę zbyt mocno się przechyliło. Wpadło do studni, mijając człowieka, miażdżąc węża na śmierć, śmiertelnie łamiąc sobie w upadku kark.

No cóż, to mogło się zdarzyć! I czasami coś niespodziewanego też się wydarza. Takie jest nasze życie. Więc dlaczego przepuścić okazję zakosztowania kropli miodu, nawet, gdy świat wali nam się na głowę. Nie wiemy nic o przyszłości. Nigdy nie możemy być pewni, co nas za chwilę czeka.

Życiowa rada

W poprzedniej historii, z chwilą śmierci tygrysa i węża, przed człowiekiem otworzyło się pole do popisu. Przestał delektować się miodem, z wielkim trudem wydrapał się ze studni i opuścił dżunglę, udając się w bezpieczne miejsce. W życiu trzeba coś robić, nie tylko spijać miód.

Pewien młody człowiek z Sidney powiedział mi, że kiedyś w Tajlandii spotkał nauczyciela Ajahna Chaha, który dał mu najlepsze życiowe rady.

We wczesnych latach osiemdziesiątych dwudziestego wieku, wiele młodych ludzi z Zachodu, którzy interesowali się buddyzmem, dowiadywało się o Ajahnie Chahu. Nasz młody mężczyzna zdecydował się na długą podróż do Tajlandii, tylko po to, by spotkać się z tym wspaniałym mnichem i zadać mu kilka pytań.

Jest to długa podróż. Przybywszy z Sidney do Bangkoku, po ośmiu godzinach lotu, wsiadł do nocnego pociągu do Ubon. Tam wynegocjował z taksówkarzem, by zawiózł go do Wat Nong Pah Pong, do klasztoru Ajahna Chaha. Zmęczony lecz podekscytowany, dotarł do chatki Ajahna Chaha.

Nauczyciel był powszechnie znany. Siedział w swoim szałasie, i jak zwykle otoczony był tłumem mnichów, generałów, biednych rolników i zamożnych kupców, kobiet wiejskich w łachmanach i wyfiołkowanych dam z Bangkoku, wszyscy siedzący jeden obok drugiego. W chacie Ajahna Chaha nie było mowy o żadnej dyskryminacji.

Australijczyk usiadł na skraju wielkiego tłumu. Minęły dwie godziny, Ajahn Chah nawet go nie zauważył.

Było tak wiele osób siedzących przed nim. Zniechęcony, wstał i poszedł sobie.

Kierując się w stronę głównej bramy klasztoru, zobaczył, jak kilku mnichów zamiata liście nieopodal dzwonnicy. Miał jeszcze godzinę, zanim miała podjechać po niego pod główną bramę taksówka, więc także złapał za miotłę myśląc, że zrobi dobre wrażenie.

Około pół godziny później, zajęty zamiataniem, poczuł, jak ktoś kładzie mu rękę na ramieniu. Odwrócił się, i jakże był zaskoczony i rozanielony widząc, że ta ręka, to była ręka Ajahna Chaha, który stał przed nim, uśmiechając się. Ajahn Chah dojrzał wcześniej tego człowieka z Zachodu, ale nie miał okazji z nim porozmawiać. Wielki mnich właśnie opuszczał klasztor, udając się na następne spotkanie, więc zatrzymał się przy młodym człowieku z Sydney, by dać mu upominek. Ajahn Chah powiedział coś szybko po tajsku, po czym skierował się w stronę wyjścia.

Mnich-tłumacz powiedział mu:

– Ajahn Chah mówi, że jeśli zamierzasz zamiatać, daj z siebie wszystko.

Zaraz potem dołączył do Ajahna Chaha.

Młody człowiek myślał o tej zwięzłej lekcji w czasie długiej podróży powrotnej do Australii. Uświadomił sobie, oczywiście, że Ajahn Chah nauczył go znacznie więcej, niż tylko jak zamiatać liście. Znaczenie było dla niego jasne.

„We wszystko, co robisz, wkładaj całe swoje serce".

Kilka lat później, już w Australii powiedział mi, że ta „życiowa rada" była warta setki takich podróży w odległe miejsca. Było to teraz jego credo i przynosiło mu ono szczęście i pomyślność. Kiedy pracował, dawał z siebie wszystko. Kiedy odpoczywał, dawał z siebie wszystko. Kiedy udzielał się towarzysko, dawał z siebie wszystko. Był to przepis na sukces. No, i oczywiście, kiedy nie robił nic, nic z siebie nie dawał.

W czym tkwi problem?

Francuski matematyk-filozof, Blaise Pascal (1623-1662), tak kiedyś powiedział: „Całe nieszczęście człowieka pochodzi stąd, że nie umie on siedzieć w swoim pokoju sam".

Dodałbym jeszcze do tego „...i nie wie, kiedy tak zrobić".

W 1967 roku, Izrael był w stanie wojny z Egiptem, Syrią i Jordanią. W okresie, który nazwano wojną sześciodniową, pewien reporter zapytał byłego premiera Wielkiej Brytanii, Harolda Macmillana, co sądził o problemie na Bliskim Wschodzie.

Bez zastanowienia, starszy już wówczas mąż stanu, odpowiedział:

– Nie ma żadnego problemu na Bliskim Wschodzie.

Reportera zatkało.

– Co ma Pan na myśli, mówiąc: „Nie ma żadnego problemu na Bliskim Wschodzie?" – chciał wiedzieć dziennikarz. – Czyż nie wie pan, że toczy się tam bezwzględna wojna? Nie zdaje Pan sobie sprawy z tego, że w czasie, jak my tu rozmawiamy, tam spadają z nieba bomby, czołgi wzajemnie wysadzają się w powietrze, a żołnierze tracą życie w ogniu kul? Wielu ludzi zmarło lub jest rannych. Co pan ma na myśli, mówiąc: „Nie ma żadnego problemu na Bliskim Wschodzie"?

Doświadczony polityk spokojnie wyjaśnił.

– Szanowny Panie, problem to coś, co ma rozwiązanie. Nie ma rozwiązania dla Bliskiego Wschodu. A zatem, nie może to być problem.

Jak wiele czasu w naszym życiu marnujemy, martwiąc o rzeczy, które, w tym czasie, nie mają rozwiązania, a zatem nie są problemem?

Podejmowanie decyzji

Problem mający rozwiązanie, wymaga decyzji. Ale w jaki sposób podejmujemy w naszym życiu ważne decyzje?

Zazwyczaj próbujemy znaleźć kogoś innego, kto podjąłby trudne decyzje za nas. Wówczas, gdy coś wyjdzie źle, mamy na kogo zwalić winę. Kilkoro moich znajomych próbowało mnie wkręcić, bym zadecydował za nich, ale nie udało im się to. Wszystko, co robiłem, to wskazywałem im, w jaki sposób samemu podejmować mądre decyzje.

Kiedy stajemy na rozdrożu i nie wiemy, w którym kierunku iść, powinniśmy zejść na pobocze i poczekać na autobus. Wkrótce, zazwyczaj gdy nie spodziewamy się tego, autobus nadjeżdża. Na przedzie autobusu jest duży napis, drukowanymi literami informujący, dokąd jedzie. Jeśli pasuje nam ten kierunek, wówczas wsiadamy. Jeśli nie, czekamy. Zawsze jest jeszcze jakiś inny autobus.

Innymi słowy, kiedy musimy podjąć decyzję i nie jesteśmy pewni jaką, powinniśmy zjechać na bok, odpocząć i poczekać. Wkrótce, zazwyczaj gdy się tego nie spodziewamy, przyjdzie rozwiązanie. Każde rozwiązanie ma swój cel. Jeśli ten cel nam pasuje, obieramy to rozwiązanie. Jeśli nie, czekamy. Zawsze jest jeszcze gdzieś kolejne rozwiązanie.

W ten właśnie sposób podejmuję moje decyzje. Zbieram wszystkie informacje i czekam na rozwiązanie. Dobre przyjdzie na pewno, gdy będę cierpliwy. Zazwyczaj pojawia się niespodziewanie, kiedy o nim nie myślę.

Obwinianie innych

Kiedy próbujesz podejmować ważne decyzje, możesz wybrać strategię, zaproponowaną w poprzedniej historii. Ale nie musisz się do tego stosować. Jest to ostatecznie twoja decyzja. Więc jeśli nie zadziała, nie obwiniaj mnie.

Pewna studentka uniwersytetu, przyszła spotkać się z jednym z naszych mnichów. Następnego dnia miała ważny egzamin i chciała, by mnich pomantrował w jej intencji, by przynieść jej szczęście. Mnich grzecznie zgodził się myśląc, że doda jej otuchy. Wszystko było za darmo. Nie ofiarowała żadnego datku.

Nigdy nie zobaczyliśmy tej młodej kobiety ponownie. Ale dowiedziałem się od jej znajomych, że rozpowiadała wokół, że nie ma po co przychodzić do mnichów z naszego zakonu, bo nie potrafią właściwie mantrować. Oczywiście, oblała egzamin.

Jej znajomi powiedzieli mi, że oblała dlatego, iż w ogóle nie przykładała się do nauki. Była imprezowiczką. Miała nadzieję, że mnisi zatroszczą się o „mniej ważną", naukową część jej studenckiego życia.

Możesz czuć się zaspokojonym, obwiniając innych za własne niepowodzenia życiowe, ale obwinianie innych rzadko kiedy rozwiązuje problem.

Pewnego człowieka swędział tyłek.
Podrapał się w głowę.
Nigdy nie przestało go swędzieć.

Oto jak Ajahn Chah opisuje obwinianie innych – jest to drapaniem się po głowie, gdy swędzi cię tyłek.

Trzy pytania cesarza

Zaproszono mnie, bym wygłosił mowę inauguracyjną na seminarium naukowym w Perth. Zastanawiałem się, dlaczego. Kiedy przybyłem do sali przeznaczonej na uroczystość, kobieta, której identyfikator mówił, że była organizatorką seminarium, podeszła, by mnie przywitać.

– Czy pamiętasz mnie? – zapytała.

To jedno z najbardziej niebezpiecznych pytań, na które trzeba uważać. Postanowiłem być szczery i rzekłem:

– Nie.

Uśmiechnęła się i powiedziała, że siedem lat temu miałem wykład w szkole, w której była dyrektorem. Historia, którą opowiedziałem wówczas szkole, zmieniła bieg jej kariery. Zrezygnowała z funkcji dyrektora. Pracowała potem niestrudzenie nad specjalnym programem dla dzieci, które porzuciły naukę – dzieciaki ulicy, nieletnie prostytutki, narkomani – by dać im jeszcze jedną szansę, dopasowaną do ich sytuacji. Moja opowieść, jak mi to powiedziała, była filozofią, stanowiącą fundamenty dla jej programu. Historia powstała na bazie książki – zbioru nowel, autorstwa Lwa Tołstoja, którą przeczytałem w latach studenckich[7].

Dawno temu pewien cesarz poszukiwał filozofii życia. Potrzebował mądrości, by prowadzić swe rządy i rządzić samemu. Religie i filozofie owych czasów nie zadawalały go. Więc szukał własnej filozofii doświadczając życia.

Ostatecznie, zdał sobie sprawę, że chce poznać odpowiedź jedynie na trzy fundamentalne pytania. Znając te odpowiedzi, zdobyłby wszystkie mądre wskazówki, jakich potrzebował. A oto te trzy pytania:

1. Kiedy jest ten najważniejszy czas?
2. Kto jest najważniejszą osobą?
3. Co jest najważniejsze do zrobienia?

Po długich poszukiwaniach, które zajęły prawie całość oryginalnej historii, znalazł te trzy odpowiedzi podczas wizyty u pustelnika. Jak myślisz, jak brzmiały te odpowiedzi? Spójrz, proszę, jeszcze raz na pytania. Zanim zaczniesz czytać dalej, zrób przerwę.

Wszyscy znamy odpowiedź na pierwsze pytanie, ale zbyt często zapominamy, jak brzmi. Najważniejszy czas, to oczywiście „teraz". Jest to jedyny dostępny nam czas. Więc jeśli chcesz powiedzieć swojej mamie lub tacie, jak bardzo ich kochasz, jak bardzo jesteś im wdzięczny za to, że są twoimi rodzicami, zrób to teraz. Nie jutro. Nie za pięć minut. Teraz. Za pięć minut zwykle okazuje się być za późno. Jeśli chcesz przeprosić swojego partnera, nie zaczynaj kombinować, dlaczego nie powinieneś tego robić. Po prostu zrób to teraz. Taka okazja może się już więcej nie powtórzyć. Żyj chwilą.

Odpowiedź na drugie pytanie posiada niezwykłą głębię. Niewielu ludzi potrafi dać na nie właściwą odpowiedź. Kiedy przeczytałem ją jako student, wirowała mi w głowie wiele dni.

Sięga ona głębi pytania, o której nie miałem pojęcia. Odpowiedź brzmi, że najważniejszą osobą jest ta, z którą jesteś.

Pamiętałem, jak zadawałem pytania profesorom college'u, ale nie dokładnie mnie słuchano. Na pozór, słuchali, ale w duszy pragnęli, żebym sobie poszedł. Mieli ważniejsze sprawy do zrobienia. Takie odnosiłem wrażenie. Było to fatalne uczucie. Pamiętam także, jak zebrałem się na odwagę i podszedłem do znanego wykładowcy, by zadać osobiste pytanie i jakież było moje zdziwienie i zadowolenie, kiedy on poświęcił mi swoją uwagę. Inni profesorowie czekali już, aby z nim porozmawiać, zaś ja byłem długowłosym studenciną, a on sprawił, że poczułem się ważny. Różnica była ogromna.

Porozumienie i miłość działają w obie strony, gdy osoba, z którą jesteś, *nie ważne, kim jesteś,* jest dla ciebie najważniejszą osobą na świecie, w tym momencie. Oni czują. Oni to wiedzą. Oni reagują.

Małżeństwa często narzekają, że ich partner tak naprawdę ich nie słucha. Chodzi im o to, że ich partner sprawia, że czują się już zupełnie nieważni. Prawnicy, zajmujący się rozwodami, musieliby poszukać sobie innej pracy, jeśli każda osoba w związku zapamiętałaby sobie odpowiedź na drugie pytanie cesarza i zastosowała ją praktyce, aby – niezależnie od tego, jak jesteśmy zmęczeni czy zajęci, zawsze, gdy jesteśmy z naszym partnerem, dać mu poczucie, że stanowi on dla nas najważniejszą osobę na świecie.

W interesach, jeśli naszego potencjalnego klienta, z którym właśnie rozmawiamy, potraktujemy, jako najważniejszą dla nas osobę w danej chwili, nasza sprzedaż wzrośnie, wraz z tym i nasze zarobki.

Cesarz w pierwotnej historii uniknął zamachu, dzięki temu, że w pełni wziął sobie do serca radę małego chłopca, którego spotkał po drodze idąc do pustelnika. Kiedy potężny cesarz przebywa ze zwykłym chłopcem, ten chłopiec jest dla cesarza najważniejszą w tym momencie osobą na świece i ratuje cesarzowi życie. Kiedy przyjaciele przychodzą do mnie po długim dniu, by opowiedzieć mi o swych problemach, pamiętam odpowiedź na drugie pytanie cesarza i poświęcam im całkowitą uwagę. Jest to bezinteresowne. Współczucie uzupełnia zasoby energii. I to działa.

Organizatorka seminarium naukowego, podczas swych pierwszych rozmów-wywiadów z dzieciakami, którym chciała pomóc, stosowała teorię „najważniejszą osobą jest ta, z którą jesteś". Dla większości tych dzieci, był to pierwszy raz, kiedy dano im odczuć, że są ważne, zwłaszcza dla wpływowej, dorosłej osoby. Co więcej, poświęcając im uwagę, uważnie słuchała, a nie oceniała. Wysłuchano dzieci. Odpowiednio, dopasowano program. Dzieci poczuły, że darzy się je szacunkiem, i to zadziałało. Mój wykład, ostatecznie, przestał być wykładem inauguracyjnym. Jeden dzieciak wstał, i mówił za mnie. Opowiadał o swoich rodzinnych problemach, narkotykach i zatargach z prawem, o tym, jak program przywrócił jego życiu nadzieję, i o tym, że wkrótce wybiera się na uniwersytet. Pod koniec, miałem wilgotne oczy. To była inauguracyjna mowa.

Większość swego życia spędzasz z samym sobą. Wówczas, najważniejszą osobą, tą, z którą jesteś, jesteś ty. Jest mnóstwo czasu, by poświęcić sobie uwagę. Kto jest pierwszą osobą, której obecności jesteś świadomy, zaraz po przebudzeniu rano? Ty! Czy kiedykolwiek mówisz: „Dzień dobry mnie. Miłego dnia!"? Ja mówię. Kto jest ostatnią osobą, której obecności jesteś świadomy, gdy zasypiasz? Ponownie ty! Ja mówię sobie dobranoc. Jestem dla siebie ważny w wielu osobistych chwilach każdego dnia. To działa.

Odpowiedzią na trzecie pytanie cesarza, „Jaka jest najważniejsza rzecz do zrobienia", jest: „by okazywać troskę". Odpowiedź wyjaśnia, że to, skąd pochodzimy, jest najważniejszą rzeczą. Zanim objaśnię, co oznacza „okazywać troskę", posługując się kilkoma historiami, podsumuję trzy pytania cesarza wraz z odpowiedziami:

1. Kiedy jest ten najważniejszy czas? Teraz.
2. Kto jest najważniejszą osobą? Osoba, z którą jesteś.
3. Co jest najważniejsze do zrobienia? Okazywać troskę.

Krowa, która płakała

Przyjechałem wcześnie na sesję medytacyjną do więzienia, będącego zakładem karnym o niższym dozorze. Pewien więzień, którego nigdy wcześniej nie widziałem, czekał, by ze mną pomówić. Był facetem-olbrzymem, z bujną czupryną, brodą i tatuażami na ramionach.

Szramy na jego twarzy zdradzały mi, że miał za sobą wiele agresywnych bójek. Wyglądał tak przerażająco, że zastanawiałem się, po co przyszedł na naukę medytacji. Zupełnie tu nie pasował. Oczywiście, myliłem się.

Powiedział mi, że wydarzenie sprzed kilku lat dało mu nieźle w kość. Jak zaczął mówić, rozpoznałem u niego silny akcent ulsterski. By wprowadzić mnie w kontekst, powiedział, że dorastał na pełnych przemocy ulicach Belfastu. Pierwszy raz doświadczył ataku z użyciem noża, gdy miał siedem lat. Pewien szkolny zabijaka zażądał od niego pieniędzy, które miał na lunch. Odmówił. Starszy chłopak wyciągnął długi nóż i ponownie zażądał pieniędzy. Myślał, że zabijaka blefuje. Znowu odmówił. Zabijaka nigdy nie prosił po raz trzeci, po prostu wbił siedmiolatkowi nóż w ramię, wyciągnął nóż z powrotem i poszedł sobie.

Powiedział mi, że wybiegł zszokowany z dziedzińca szkoły, z ręką w strugach krwi, wprost do ojca, do domu, który był nieopodal. Jego bezrobotny ojciec spojrzał na ranę i zaprowadził syna do ich kuchni, ale nie po to, by ją opatrzyć. Ojciec otworzył szufladę, wyciągnął duży kuchenny nóż, dał go synowi i kazał mu wrócić do szkoły, aby w odwecie dźgnął nożem tamtego chłopaka.

W ten właśnie sposób był wychowywany. Gdyby nie wyrósł na tak dużego i mocnego faceta, dawno by już nie żył.

Areszt stanowił więzienne gospodarstwo rolne, gdzie skazani z krótkim wyrokiem lub więźniowie po długoletnich wyrokach tuż przed wyjściem na wolność byli przygotowywani do życia na zewnątrz, w pewien sposób zdobywając fach w szeroko pojętym rolnictwie. Ponadto, cała produkcja z więziennego gospodarstwa za niewielkie pieniądze zaopatrywała wszystkie wiezienia w okolicy Perth, tym samym tnąc koszty ich utrzymania. Na farmach w Australii hoduje się krowy, owce i świnie, nie tylko uprawia zboże i warzywa. Tak samo było i z gospodarstwem więziennym. Ale w przeciwieństwie do innych farm, farma więzienna miała na miejscu własną rzeźnię.

Każdy z więźniów musiał popracować na farmie więziennej. Jak powiedziało mi to wielu odsiadujących karę, najbardziej poszukiwaną robotą była praca w rzeźni. To zajęcie cieszyło się niezwykłą popularnością wśród agresywnych przestępców. A najbardziej ze wszystkich poszukiwaną robotą, o którą trzeba było wprost walczyć, była robota rzeźnika, którą wykonywało się we własnej osobie. Ten wielki i straszny Irlandczyk był rzeźnikiem.

Opisał mi rzeźnię. Ogrodzenia, balustrady z superwytrzymałej stali nierdzewnej, szerokie u wejścia, zwężające się w osobne kanały wewnątrz budynku, szerokie na tyle, by zdołały przepuścić zwierzęta pojedynczo. Tuż przy wąskim kanale, na podwyższonej platformie, stał on trzymając elektryczny pistolet. Krowy, świnie czy owce przy pomocy psów lub ościeniami, były spychane do leja ze stali nierdzewnej. Powiedział, że zawsze płakały, każde na swój sposób, i wszystkie próbowały uciec. Potrafiły wywęszyć śmierć, usłyszeć śmierć, poczuć śmierć. Kiedy zwierzę znalazło się wzdłuż jego platformy, wierzgało i wierciło się, rycząc w niebogłosy. Nawet, gdyby jego rewolwer mógł zabijać jedną dawką wysokiego napięcia, zwierzę nigdy nie byłoby dla niego wystarczająco spokojne, by potrafił właściwie wycelować. Więc jeden strzał był ogłuszający, a drugi uśmiercający. Jeden strzał ogłuszający, drugi strzał, by zabić. I tak po kolei wszystkie zwierzęta. Dzień po dniu.

Irlandczyk zaczął się podniecać, jak przechodził do zdarzenia zaledwie sprzed kilku dni, które to zupełnie rozstroiło go wewnętrznie. Zaczął przeklinać. A następnie zaczął w kółko powtarzać:

– To jest na miłość Boską piep... prawda! – bał się, że mogę mu nie uwierzyć.

Tamtego dnia potrzebowali wołowiny dla więzień w okolicy Perth. Oni ubijali krowy. Jeden strzał, by ogłuszyć, następny, by zabić. Cały dzień uboju przebiegał mu normalnie, aż tu nagle pojawiła się krowa, która zachowywała się tak, jak jeszcze tego nigdy nie widział. Krowa była cicho. Ani grama jęku. Miała spuszczoną głowę, jak wchodziła świadomie, dobrowolnie, powoli na miejsce obok platformy. Ani nie wierzgała, ani nie wierciła się, ani nie chciała uciekać.

Gdy już była na miejscu kaźni, podniosła łeb i spojrzała na swojego oprawcę, z zupełnym spokojem.

Irlandczyk nigdy w życiu nie widział nawet czegoś podobnego. Zmieszanie sparaliżowało mu umysł. Nie był w stanie unieść pistoletu; nie mógł też oderwać wzroku od oczu krowy. Krowa patrzyła mu wprost do jego wnętrza.

Znalazł się w innym wymiarze. Nie potrafił mi powiedzieć, jak długo to trwało, ale jak krowa utrzymywała z nim kontakt wzrokowy, zauważył coś, co wstrząsnęło nim jeszcze bardziej. Krowy mają bardzo duże oczy. Zobaczył, że w lewym oku krowy, tuż ponad dolną powieką, zaczyna zbierać się woda. Wody przybywało coraz więcej, aż było jej za dużo, by powieka mogła ją utrzymać. Woda zaczęła powoli spływać w dół, po policzku, tworząc lśniącą strużkę łez. Długo zamknięte drzwi jego serca zaczęły się powoli otwierać. Jak spojrzał z niedowierzaniem, zobaczył w prawym oku krowy, tuż nad dolną powieką, coraz więcej zbierającej się wody, napływającej do chwili, aż powieka nie mogła już jej utrzymać. Następna strużka wody powoli skapywała po krowim pysku. Mężczyzna załamał się.

Krowa płakała.

Powiedział mi, że rzucił pistoletem o ziemię i klął najmocniej, jak tylko potrafił, na strażników więziennych, że mogą z nim zrobić, co tylko zechcą, „ALE TA KROWA NIE UMRZE".

Na koniec powiedział mi, że od tamtej pory jest wegetarianinem.

Ta historia była prawdziwa. Inni więźniowie z farmy więziennej potwierdzili to. Krowa, która płakała, nauczyła jednego z najagresywniejszych ludzi, czym jest troska.

Mała dziewczynka i jej przyjaciel

Opowiedziałem historię o krowie, która płakała, grupie emerytów, gdzieś w wiejskim miasteczku na północnym-zachodzie w Zachodniej Australii. Jeden ze starszych panów opowiedział mi podobną historię z jego młodości, która zdarzyła się na początku ubiegłego wieku.

Córka jego przyjaciela miała około czterech, pięciu lat. Pewnego ranka poprosiła swoją matkę o spodek mleka. Zagoniona matka była zadowolona, że jej córeczka chce pić mleko, więc nawet nie zastanawiała się zbytnio, dlaczego chce je na spodku, a nie w szklance.

Następnego dnia, mniej więcej o tej samej porze, mała dziewczynka poprosiła o znowu o spodek mleka. Mama chętnie przystała. Dzieci lubią kombinować z jedzeniem; matkę cieszył już sam fakt, że jej córka chce pić coś zdrowego.

To samo powtarzało się przez kolejnych kilka dni, o tej samej porze. Matka tak naprawdę nigdy nie widziała osobiście córki, jak pije to mleko ze spodka, więc ciekawa była, co mała kombinowała. Postanowiła podglądnąć dziewczynkę.

W tamtym okresie niemal wszystkie domy budowano na pniach, izolując je w ten sposób od podłoża. Dziewczynka wyszła z domu, przyklękła z boku budynku, postawiła spodek mleka i cichutko zawołała w ciemne szczeliny pod domem. Niemal natychmiast wyszedł olbrzymi czarny wąż tygrysi. Zaczął pić mleko razem z uśmiechniętą dziewczynką, zaledwie kilka centymetrów obok. Matka nie mogła nic zrobić; jej dziecko było zbyt blisko. Cała przerażona patrzyła, aż wąż skończył mleko i poszedł z powrotem pod dom. Tamtego wieczora opowiedziała wszystko swojemu mężowi, gdy wrócił z pracy. Powiedział on żonie, by znowu jutro dała ich córeczce spodek mleka. On to wszystko załatwi.

Następnego dnia o tej samej porze, dziewczynka porosiła swoją mamę o spodek mleka. Wyniosła, jak zwykle, spodek mleka na zewnątrz, postawiła z boku domu i zawołała swego przyjaciela. Jak tylko duży czarny wąż tygrysi wyłonił się z ciemności, w pobliżu dał się słyszeć przeraźliwy strzał z pistoletu.

Siła kuli rzuciła tygrysim wężem o jedną z belek, wspierających dom, rozwalając jego głowę na strzępy, wprost przed oczami dziewczynki. Jej ojciec wynurzył się zza krzaków, odkładając pistolet.

Od tamtego czasu dziewczynka przestała jeść. Jak ujął to starszy człowiek: „Zaczęła gryźć się". Żadne starania ze strony rodziców nie skłoniły jej do jedzenia. Musiała iść do szpitala. Tam także jej nie pomogli. Dziewczynka umarła.

Ojciec mógł równie dobrze zastrzelić swoją małą córeczkę, kiedy zrobił na jej oczach miazgę z jej przyjaciela.

Zapytałem starszego człowieka, który opowiedział mi tę historię, czy jego zdaniem wąż tygrysi mógłby w ogóle skrzywdzić tę małą dziewczynkę?

– Za cholerę! – odpowiedział stary wyga.

I ja tak uważam, choć wyrażam to w innych słowach.

Wąż, burmistrz i mnich

Spędziłem ponad osiem lat w Tajlandii jako mnich. Większość czasu przebywałem w świątyniach leśnych, żyjąc wśród węży. Kiedy tam przybyłem w 1974 roku, powiedziano mi, że w Tajlandii jest sto gatunków węży: dziewięćdziesiąt dziewięć jest jadowitych – ich ukąszenie cię zabija – a ten jeden pozostały potrafi zadusić cię na śmierć!

W tamtym okresie widywałem węże niemal codziennie. Kiedyś w mojej chatce nadepnąłem na dwumetrowego węża. Obydwoje odskoczyliśmy, na szczęście w przeciwnych kierunkach. Pewnego ranka zdarzyło mi się nawet nasiusiać na węża, myśląc, że to patyk.

Oczywiście, przeprosiłem. (Być może wąż pomyślał, że pokropiono go święconą wodą). A kiedyś, jak mantrowałem w czasie uroczystości, wąż wślizgnął się na plecy jednego z mnichów. Jak tylko wąż znalazł się na jego ramionach, mnich odwrócił się, by zobaczyć co to takiego i w tym samym momencie wąż popatrzył na niego. Przestałem mantrowanie, i przez kilka sekund tej groteskowej sytuacji mnich i wąż patrzyli sobie prosto w oczy. Mnich ostrożnie zrzucił z szaty węża, wąż zsunął się na dół i wróciliśmy do mantrowania.

Jako mnisi tradycji leśnej mamy w swych naukach, by rozwijać w sobie łaskawość wobec wszystkich stworzeń, zwłaszcza węży. Dbamy o ich dobro. To dlatego w tamtym okresie, żaden z mnichów nie został nigdy pokąsany.

W czasie pobytu w Tajlandii zobaczyłem dwa olbrzymie węże. Pierwszy to pyton, długi na co najmniej siedem metrów, gruby jak moje udo. Kiedy widzisz coś tak nieziemskich rozmiarów, przystajesz z niedowierzania; ale to było prawdziwe. Widziałem go znowu kilka lat później, a i wielu mnichów z tego klasztoru widziało go także. Powiedziano mi, że już nie żyje. Drugim olbrzymim napotkanym przeze mnie wężem była kobra królewska. Była to jedna z trzech sytuacji w czasie mojej bytności w deszczowych lasach Tajlandii, kiedy poczułem wokół elektryzującą atmosferę, włosy zjeżyły mi się na karku, a moje zmysły nagle niewyobrażalnie się wyostrzyły. Skręciłem w ścieżkę leśną, by zobaczyć, jak gruby czarny wąż blokuje półtorametrowej szerokości ścieżkę. Nie widziałem jego głowy ani ogona: i jedno, i drugie było w krzakach. I to się poruszało. Śledząc jego ruchy, obliczyłem długość węża szerokością ścieżki. Było siedem szerokości ścieżki zanim zobaczyłem ogon. Wąż miał ponad dziesięć metrów długości! Widziałem to. Powiedziałem o tym miejscowym wieśniakom. Powiedzieli mi, że była to kobra królewska – ta duża.

Tajski mnich, uczeń Ajahna Chaha, a obecnie sławny nauczyciel, medytował wraz kilkunastoma mnichami w tajskiej dżungli. Dobiegające głosy jakiegoś stworzenia zmusiły ich, by otworzyć oczy. Zobaczyli pełznącą w ich kierunku kobrę królewską. W niektórych rejonach Tajlandii, kobra królewska nazywana jest także „wężem jednego kroku", ponieważ gdy cię ukąsi, jesteś w stanie wykonać zaledwie jeden krok i natychmiast padasz martwy! Kobra królewska podpełzła do naszego starszego mnicha seniora, uniosła swój łeb na wysokość głowy mnicha, wystawiła jadowity ząb i zaczęła syczeć jadem. „Ssss! Sssss!"

Cóż można zrobić w takim momencie? Bez sensu byłoby uciekać. Te wielkie węże potrafią poruszać się znacznie szybciej od ciebie.

To, co zrobił tajski mnich, to uśmiechnął się, spokojnie, nie wykonując gwałtownego ruchu, podniósł prawą rękę i delikatnie poklepał kobrę królewską po głowie, mówiąc po tajsku:

– Dziękuję ci, że przyszłaś do mnie z wizytą.

Wszyscy mnisi to widzieli.

Był to niezwykły mnich o wyjątkowej dobrotliwości. Kobra królewska przestała syczeć, schowała jadowity ząb, opuściła łeb do samej ziemi i poszła spotkać się z innym mnichem. „Sss! Sss!"

Mnich ten powiedział później, że w żaden sposób nie był w stanie poklepać kobry królewskiej po głowie! Zastygł ze strachu. Był przerażony. W duchu modlił się, by kobra królewska szybko odeszła na spotkanie z innym mnichem.

Mnich, który klepał kobry po głowie, spędził kiedyś kilka miesięcy w naszym klasztorze w Australii. Budowaliśmy nasz główny hol, a pozostałe plany zabudowy czekały na akceptację inspektora nadzoru budowlanego z naszego urzędu miejskiego. Przyszedł burmistrz, by zobaczyć, jak nam idzie robota.

Burmistrz był niewątpliwie najbardziej wpływowym człowiekiem w okręgu. Wychowywał się w tym rejonie i był dobrze prosperującym farmerem. Był także sąsiadem. Przybył elegancko ubrany, odpowiednio do zajmowanego stanowiska. Rozpięta marynarka ukazywała pod opiętą koszulą bardzo duży, typowy dla Australijczyka, brzuch, wylewający się z jego najelegantszych spodni. Tajski mnich, który w ogóle nie mówił po angielsku, ujrzał brzuch burmistrza. Zanim go powstrzymałem, podszedł do burmistrza i zaczął klepać go po nim. „O nie!" – pomyślałem. „Nie wolno ci tak po prostu klepać Pana Burmistrza po brzuchu w ten sposób. Teraz nasze plany budowlane mogą pożegnać się z przyjęciem. Jesteśmy ugotowani! To już koniec z naszym klasztorem".

Im bardziej ów tajski mnich, z delikatnym uśmiechem, klepał i głaskał burmistrza po jego brzuszysku, tym bardziej burmistrz uśmiechał się i chichotał. W ciągu paru chwil, ten dostojny ojciec miasta, radośnie gaworzył, niczym noworodek. Nie dało się ukryć, że sprawiało mu wielką przyjemność, jak ten niezwykły tajski mnich głaskał i klepał go po brzuchu.

Nasze plany budowlane przyjęto. A burmistrz został jednym z naszych przyjaciół i pomocników.

Najistotniejszym elementem troski jest jej źródło. Troska tamtego tajskiego mnicha pochodziła z tak niezwykle czystych intencji i szczerego serca, że mógł klepać po głowie kobry królewskie i wszystkich burmistrzów po brzuchu, a oni z tego powodu byli w siódmym niebie. Nie polecam ci tego osobiście. Przynajmniej do czasu, zanim nauczysz się przejawiać troskliwość świętego.

Zły wąż

Ostatnia w tej książce bajeczka o wężu oparta jest na starej buddyjskiej dżatace. Pokazuje ona, że „troszczyć się" nie zawsze oznacza łagodność, potulność baranka i bierność.

Duży wąż żył sobie w lesie nieopodal wsi. Był jadowity, złośliwy i wredny. Kąsał ludzi tak po prostu dla zabawy – dla swojej zabawy, ma się rozumieć. Kiedy niedobry wąż osiągnął zaawansowany wiek w swoim „wężowym" życiu, zaczął się zastanawiać, co dzieje się z wężami po śmierci. Przez całe swoje syczące życie zionął pogardą na religię jak i na inne węże, które, jego zdaniem, łatwo wierzyły i dawały się zwodzić takim głupotom. A teraz sam się tym zainteresował.

Niedaleko od jamy węża, na szczycie wzgórza, żył pewien święty wąż. Wszyscy święci mieszkają zawsze na samym szczycie wzgórza czy góry, nawet święte węże. To tradycja. Nikt nigdy nie słyszał o świętym człowieku, mieszkającym na bagnach.

Pewnego dnia zły wąż postanowił odwiedzić świętego węża. Założył płaszcz przeciwdeszczowy, ciemne okulary i kapelusz, by nikt ze znajomych nie mógł go rozpoznać. Potem dopełzał na sam szczyt wzgórza do sanktuarium świętego węża. Akurat trwała uroczystość. Święty wąż siedział na skale, a wokół słuchały go inne węże pogrążone w głębokiem zadumie. Zły wąż wślizgnął się na skraj zachwyconego tłumu, blisko wyjścia, i zaczął słuchać.

Im dłużej słuchał, tym bardziej stawało się to zrozumiałe. Nabierał przekonania, potem zyskiwał inspirację, by ostatecznie, nawrócić się całkowicie. Po ceremonii, podszedł do świętego węża, ze łzami w oczach wyznał swe liczne życiowe grzechy i obiecał, że od tamtej pory, będzie zupełnie innym wężem. Przysiągł świętemu wężowi, że już nigdy więcej nie ukąsi żadnego człowieka. Zamierzał stać się przyjazny. Zamierzał stać się troskliwy. Zamierzał nauczać inne węże, jak być dobrym. Nawet zostawił datek przy wyjściu (oczywiście, gdy wszyscy to widzieli).

Choć węże potrafią rozmawiać z wężami, wszystko to brzmi dla człowieka jak jednakowy syk. Zły wąż, czy już były zły wąż, nie potrafił powiedzieć ludziom, że teraz został pacyfistą. Wieśniacy wciąż go unikali, choć zaczęli się zastanawiać, co oznacza ta opaska Amnesty International na jego piersi. I pewnego dnia, jakiś wieśniak, zasłuchany w muzykę ze swego walkmana, podrygiwał w jej takt, mijając węża tuż, tuż, a zły wąż nie ukąsił go, tylko uśmiechnął się dobrotliwie.

Od tamtych dni, mieszkańcy wioski zdali sobie sprawę z tego, ze wąż już przestał być groźny. Mogli spokojnie przechodzić obok niego, jak siedział zwinięty, medytując przed swoją jamą. Wtedy kilku nieznośnych chłopaków ze wsi przyszło, by go podrażnić.

– Hej, ty paskudna kreaturo! – nabijali się z bezpiecznej odległości. – Pokaż nam swoje jadowite zęby, jeśli w ogóle je masz, ty wielgaśny robalu. Jesteś mięczakiem, kaszaną, przynosisz hańbę swojemu gatunkowi!

Nie było mu miło, gdy nazywano go paskudną kreaturą czy wielgaśnym robalem, nawet gdyby było w tym opisie coś z prawdy. Ale w jaki sposób mógł się bronić? Przysiągł, że nie będzie już kąsał.

Widząc, że wąż nie reaguje na ich zaczepki, chłopcy nabrali odwagi i zaczęli rzucać w niego kamieniami i grudami ziemi. Za każdym razem, gdy w niego trafiali, wybuchali śmiechem. Wąż wiedział, że jest na tyle szybki, by pokąsać każdego z tych chłopaków, zanim zdążysz wymówić do końca „Światowa organizacja ochrony środowiska naturalnego", ale złożona przysięga powstrzymywała go od tego. Więc chłopcy podeszli bliżej i zaczęli okładać go patykami. Wąż znosił bolesne ciosy, ale uświadomił sobie, że w prawdziwym świecie, trzeba być podłym, by się chronić. Religia to mimo wszystko bzdura. Więc podpełzał w boleściach na szczyt wzgórza, by spotkać się z tym wężem-oszustem i dostać zwolnienie od przysięgi.

Święty wąż widział, jak nadchodzi on cały obolały, posiniaczony i zapytał:

– Co ci się stało?.

– To wszystko twoja wina – żalił się z goryczą zły wąż.

– Co masz na myśli mówiąc: „To wszystko moja wina"? – zaprotestował święty wąż.

– Zabroniłeś mi gryźć i kąsać. Zobacz, co mam teraz z tego! Religia dobra jest w klasztorach i świątyniach, ale w prawdziwym świecie nie działa…

– Ty głupi wężu! – przerwał mu święty wąż. – Ty niemądry wężu! Ty matole jeden! To prawda, że powiedziałem ci, byś nie kąsał. Ale nigdy nie powiedziałem ci, byś nie syczał, nieprawdaż?

Czasami tak bywa w życiu, że nawet święci muszą „syczeć", z czystej życzliwości. Ale nikt nie musi gryźć.

Mądrość i wewnętrzny spokój

Skrzydła współczucia

Jeśli wyobrazimy sobie życzliwość, jako gołębicę, wówczas mądrość będzie jej skrzydłami.

Współczucie bez mądrości nigdy nie „zaskoczy".

Pewien harcerz spełniał swój dobry uczynek, przeprowadzając starszą kobietę przez ruchliwą ulicę. Problem tkwił w tym, że ona tego nie chciała, czuła się za bardzo zmieszana, by mu o tym powiedzieć.

Historia ta, na nieszczęście, wyjątkowo dobrze oddaje, jak w naszym świecie pojmuje się współczucie. Zbyt często zakładamy, że doskonale wiemy, czego potrzebuje inna osoba.

Młody człowiek, nie słyszący od urodzenia, był wraz z rodzicami na rutynowej kontroli u swojego lekarza. Doktor z niezwykle wielkim entuzjazmem, poinformował rodziców o nowym sposobie leczenia, o którym niedawno przeczytał w specjalistycznym czasopiśmie medycznym. U dziesięciu procent osób z wrodzoną głuchotą można doprowadzić do rekonstrukcji słuchu, dzięki nieskomplikowanemu i niedrogiemu zabiegowi. Zapytał rodziców, czy nie chcieliby tego spróbować. Natychmiast zgodzili się ochoczo.

Ten młody człowiek znalazł się w dziesięciu procentach pacjentów, którym w pełni przywrócono słuch. Był jednak bardzo zły i skwaszony, zarówno z powodu swych rodziców jak i lekarza. Nie słyszał bowiem, o czym mówili jeszcze w trakcie tamtej rutynowej kontroli. Nikt nie zapytał go, czy chce słyszeć. Teraz narzekał, że musi znosić uciążliwy hałas, którego zupełnie nie rozumiał. Słuch nie był dla niego rzeczą pierwszej wagi.

Rodzice i lekarz, i ja też, zanim przeczytałem tę historię, zakładałem, że każdy powinien chcieć słyszeć. My wiemy najlepiej. Współczucie, które niesie takie założenie, jest niemądre i niebezpieczne. Rodzi w tym świecie tak wiele cierpienia.

Troska o syna

Problem z rodzicami polega na tym, że oni zawsze wiedzą lepiej, co potrzeba ich dzieciom. Często się mylą. Czasami mają rację, jak to było w przypadku chińskiego poety, Su Tung P'o (1036-1101) prawie tysiąc lat temu, kiedy napisał ten oto wiersz:

Na urodziny mojego syna
Gdy przychodzi dziecko na świat, rodziny
Chcą, by było inteligentne.
Ja, przez inteligencję,
Zrujnowałem sobie własne życie.
Jedyna nadzieja w tym,
że dziecko będzie niedouczonym ignorantem.
On, zazna życia w spokoju,
Dzierżąc tekę ministra.

Czym jest mądrość?

Jako student spędzałem większość moich wakacji pod namiotem, wędrując po górzystych obszarach Szkocji. Rozkoszowałem się samotnością, pięknem i spokojem szkockich gór.

Pewnego pamiętnego popołudnia, szedłem sobie spacerkiem wąską drogą nad oceanem, która wiła się wzdłuż cypli i zatoczek daleko na północ. Ciepłe, jasne słońce było niczym reflektor, oświetlający całe to niezwykłe piękno wokół mnie. Wrzosowisko falowało niekończącym się dywanem aksamitnej trawy, tryskającej świeżą zielenią wiosny; klify były niczym wyrzeźbione katedry, strzeliście wznoszące się wysoko nad spienioną lekko wodą; ocean przybrał niebieską barwę późnego wieczornego nieba, jakby wróżka rozsypała po nim swoje zaczarowane światełka, migocące w promieniach słońca; a małe zielone i brązowe wysepki skalne wydawały się surfować na falach aż po samą linię horyzontu. Nawet mewy i alki szybowały i krążyły po niebie – całe w euforii, byłem tego pewien. Natura pokazywała tutaj swoje najwspanialsze oblicze, w jednym z najbardziej urokliwych miejsc na tym naszym świecie, w dniu skąpanym w słonecznej chwale.

Truchtałem sobie mimo ciężkiego plecaka. Byłem cały w skowronkach, beztroski, natchniony urokami natury. Przed sobą zobaczyłem mały samochód, zaparkowany na poboczu tuż przy klifie. Od razu wyobraziłem sobie, że kierowca, tak samo ogarnięty pięknem dzisiejszego dnia, zatrzymał się, by zasmakować jego ambrozji. Kiedy podszedłem już wystarczająco blisko samochodu, by zaglądnąć przez tylną szybę, rozczarowałem się, trochę zbity z tropu. Samotny użytkownik tego pojazdu, mężczyzna w średnim wieku, czytał sobie gazetę.

Gazeta była na tyle duża, że zasłaniała mu widok na cały otaczający go świat. Zamiast patrzeć na ocean, klify, wyspę i trawiastą łąkę, przed oczami miał tylko wojny i politykę, skandale i sport. Gazeta była szeroka, choć bardzo cienka. Zaledwie kilka milimetrów poza krawędzią tego ponurego papieru gazetowego, żyła natura, mieniąca się radosnym pięknem prawdziwych tęczowych barw. Wpadło mi do głowy, by wyciągnąć z mego plecaka nożyczki i wyciąć w tej jego gazecie małą dziurę, by mógł zobaczyć, co znajduje się po drugiej stronie artykułu na temat ekonomii, który właśnie czytał. Ale on był wielkim, owłosionym Szkotem, a ja tylko skromnym, niedożywionym studenciną. Zostawiłem go w spokoju, by sobie czytał wiadomości ze świata, ja natomiast zachwycałem się nadal.

Nasze umysły w dużej mierze zaprzątają sprawy, które zamieszczają gazety: wojny w naszych związkach, metody postępowania w ramach rodziny i polityka w pracy, osobiste skandale, które tak nas żenują i sport w ramach naszych cielesnych przyjemności. Jeśli nie wiemy, w jaki sposób, od czasu do czasu odłożyć na bok tę „gazetę w naszym umyśle", jeśli to jest źródło naszej obsesji, jeśli cała nasza wiedza ogranicza się do tego – wówczas nigdy nie zaznamy nieskażonej radości i spokoju natury w jej najwspanialszym wymiarze. Nigdy nie poznamy mądrości.

Rozsądne jedzenie

Niektórzy z moich znajomych lubią jadać na mieście. Wieczorami wychodzą do bardzo drogich restauracji, przygotowani na to, że wydadzą tam mnóstwo pieniędzy, delektując się wykwintnymi potrawami. Niemniej jednak, tracą to doznanie, gdyż nie zwracając uwagi na smak potraw, koncentrują się na rozmowie z partnerem.

Któż by rozmawiał w trakcie koncertu wykonywanego przez sławną orkiestrę symfoniczną? Pogaduszki przeszkodziłyby w doznaniu przyjemności płynącej z pięknej muzyki i przypuszczalnie by cię wyrzucono. Nawet w trakcie oglądania frapującego filmu nienawidzimy, by nas rozpraszano. Dlaczego więc ludzie wdają się w gadki-szmatki, kiedy jedzą obiad poza domem?

Jeśli restauracja jest mierna, wówczas zajęcie się rozmową to dobry pomysł, by nie zwracać uwagi na lichy posiłek. Ale gdy dania są naprawdę wspaniałe i niezwykle drogie, nakazanie partnerowi, by się przymknął, bo ty chcesz poczuć zmysłami wartość zainwestowanych pieniędzy to rozsądne posunięcie.

Nawet, gdy spożywamy pokarmy w ciszy, zazwyczaj nie delektujemy się tą chwilą.

Zamiast tego, przeżuwając jakiś kęs, rozpraszamy naszą uwagę patrząc w talerz i zastanawiając się, po jaki kąsek tym razem sięgnąć widelcem. Czasami, niektórzy mają przed sobą dwa lub nawet trzy kęsy, które zmieszczą się na widelcu – jeden już w ustach, drugi, dość obfity, czekający na talerzu, natomiast umysł już kontempluje ten trzeci, który zaraz pojawi się na widelcu.

By delektować się smakiem spożywanych pokarmów i poczuć w pełni smak życia, powinniśmy często rozkoszować się każdym kęsem w zupełnej ciszy. Wówczas dostaniemy to, za co tak drogo zapłaciliśmy w restauracji zwanej życiem.

Rozwiązywanie problemu

Jako buddyjski mnich, często prowadzę w radiu rozmowy na żywo. Powinienem być bardziej ostrożny z przyjęciem ostatniego zaproszenia od stacji radiowej do nocnej audycji. W momencie, gdy przekroczyłem próg studia, powiedziano mi, że show będzie dotyczył „tematów dorosłych" i że będę odpowiadał na pytania „na żywo" wraz ze znanym seksuologiem!

Kiedy już przebrnęliśmy przez kwestię, jak mają zwracać się do mnie na antenie (uzgodniliśmy, że będę tytułowany jako „Pan Mnich"), poszło mi dobrze. Jako mnich zakonny, żyjący w czystości, niewiele znałem szczegółów życia intymnego, ale podstawowe problemy, poruszane przez telefonujących słuchaczy łatwo zostały uznane i docenione. Wkrótce wszystkie telefony kierowane były do mnie i w rezultacie to ja zrobiłem całą robotę w trakcie tej dwugodzinnej audycji. Ale to zawodowy seksuolog otrzymał czek na grubą sumę. Wszystko, co dostałem ja, jako mnich, któremu nie wolno przyjmować pieniędzy, to tabliczka czekolady. Buddyjska mądrość rozwiązała ten fundamentalny problem i tu. Nie możesz zjeść czeku, a czekolada była wspaniała. I po problemie, hm!

W trakcie kolejnej interaktywnej audycji radiowej, słuchacz zadał mi następujące pytanie:

– Jestem żonaty. Mam romans z inną kobietą, o czym nie wie moja żona. Czy to jest w porządku?

No cóż mogłem odpowiedzieć?

– Gdyby to było w porządku – odparłem – nie dzwoniłbyś do mnie z tym pytaniem.

Wielu ludzi zadaje takie pytania, wiedząc, że to, co robią jest złe, ale mają nadzieję, że jakiś „ekspert" przekona ich, że jest to w porządku. W głębi duszy większość wie, co jest dobre, a co złe – tylko niektórzy nie słuchają tego uważnie.

Słyszeć, nie słuchając

Pewnego wieczoru w naszym ośrodku buddyjskim zadzwonił telefon.

– Czy zastałem Ajahna Bramha? – zabrzmiał po drugiej stronie słuchawki apodyktyczny głos zabarwiony złością.

– Przykro mi – odpowiedziała pewna nabożna Azjatka, która odebrała telefon. – Odpoczywa w swoim pokoju. Proszę zadzwonić ponownie za pół godziny.

– Cholera! Za pół godziny on umrze! – warknął rozmówca i rozłączył się.

Dwadzieścia minut później, kiedy wyszedłem ze swojego pokoju, ta starsza Azjatka wciąż tam siedziała, cała rozdygotana, z wyrazem przerażenia na twarzy. Inni wokół starali się dojść do tego, co się takiego strasznego wydarzyło, ale była w takim szoku, że nie mogła mówić. Kiedy ją uspokoiłem, wybełkotała:

– Ktoś przyjdzie cię zabić!

Pracowałem z pewnym młodym Australijczykiem od momentu, jak zdiagnozowali u niego obecność HIV. Nauczyłem go medytacji i wielu strategii życiowych mądrości, by pomóc mu uporać się z tym wszystkim. Teraz był u progu śmierci. Byłem u niego przedwczoraj i w każdej chwili spodziewałem się telefonu od jego partnera. Stąd wkrótce połapałem się, co ten telefon mógł oznaczać. To nie ja miałem umrzeć w ciągu pół godziny, lecz ten młody człowiek z AIDS.

Popędziłem do niego i zobaczyłem się z nim, tuż przed jego śmiercią. Na szczęście, wytłumaczyłem zaistniałe nieporozumienie wystraszonej Azjatce, nim jeszcze i ona zdążyła umrzeć, z przerażenia!

Jak często to, co słyszymy, różni się od tego, co zostało powiedziane?

Czym mądrość nie jest

Kilka lat temu międzynarodowa prasa rozpisywała się o licznych skandalach w kręgach tajskich mnichów. Mnisi związani są ścisłą regułą zachowania celibatu. W mojej tradycji mnichom zabrania się wszelkich fizycznych kontaktów z kobietami, to samo dotyczy mniszek, którym zabrania się kontaktów fizycznych z mężczyznami. Wszystko po to, by pozostali poza kręgiem jakichkolwiek podejrzeń w kwestiach dotyczących obowiązku dochowania celibatu. Opisane i opublikowane skandale donosiły, że kilku mnichów złamało te zakonne reguły. To byli niepokorni mnisi. Dziennikarze wiedzieli, że czytelnicy ich gazet interesują się wyłącznie niesfornymi mnichami, a nie tymi świętoszkowatymi, posłusznymi regułom zakonnym.

W toku tych wydarzeń stwierdziłem, że nadszedł już najwyższy czas, by przeprowadzić własną spowiedź. Tak więc pewnego piątkowego wieczora w naszej świątyni w Perth, przed tłumem około trzech setek zgromadzonych, z których liczni to oddani wierni, zdobyłem się na odwagę i powiedziałem całą prawdę.

– Mam coś do wyznania – zacząłem. – Nie jest to łatwe. Klika lat temu… – zawahałem się. – Kilka lat temu – próbowałem kontynuować – przeżyłem najszczęśliwsze godziny w swoim życiu… – musiałem znowu zrobić przerwę.

– Spędziłem najszczęśliwsze godziny w moim życiu… w kochających ramionach żony innego mężczyzny – wydusiłem to z siebie. Wyznałem.

– Obejmowaliśmy się. Przytulaliśmy się. Całowaliśmy się – skończyłem. I spuściłem głowę, wpatrując się w dywan.

Słyszałem dobiegające z tłumu wyrazy totalnego osłupienia. Widziałem dłonie zakrywające usta w geście niedowierzania. Słyszałem zdumione szepty: „O, nie! Nie Ajahn Brahm”. Zwróciłem uwagę, jak wielu do tej pory wytrwałych wiernych, zmierza w kierunku drzwi, by nigdy już nie powrócić. Nawet świeccy buddyści nigdy nie randkują z żonami innych mężczyzn – to jest cudzołóstwo. Poniosłem głowę, tryskając pewnością siebie, spojrzałem na moich słuchaczy i uśmiechnąłem się.

– Ta kobieta – wytłumaczyłem, zanim wszyscy zdążyli opuścić salę – ta kobieta była moją matką. Kiedy byłem dzieckiem.

Moi słuchacze wybuchli śmiechem, z wielką ulgą.

– Tak, to była prawda! – krzyknąłem przez mikrofon w ryczący tłum. – Ona była żoną innego mężczyzny, mojego taty. Obejmowaliśmy się, przytulaliśmy i się całowaliśmy. Były to jedne z najbardziej szczęśliwych godzin mojego życia.

Kiedy już tłumnie zgromadzeni otarli łzy z oczu i przestali chichotać, podkreśliłem, że niemal wszyscy błędnie mnie osądzili. Nawet, gdy usłyszeli słowa prosto z moich ust, a ich znaczenie wydawało się jasne, wyciągnęli zły wniosek. Na szczęście, a może raczej ze względu na to, że było to dokładnie zaplanowane, mogłem wytknąć im ich błąd.

– Jak często – zapytałem ich – nie mamy na tyle szczęścia i wysuwamy pochopne wnioski na podstawie dowodów, które wydają się być oczywiste, wyłącznie po to, by pomylić się. Fatalnie się mylić?

Wyciąganie autorytarnych wniosków – „To jest dobre, a wszystko inne jest złe" – to żadna mądrość.

Czym grozi gadulstwo

Nasi politycy mają opinię otwartych, zwłaszcza jeśli chodzi o sferę pomiędzy ich nosem, a podbródkiem. Jest to już odwieczna tradycja, jak pokazuje ta przypowieść z jednej z buddyjskich dżatak.

Dawno, dawno temu, pewnego króla irytował jeden z jego ministrów. W trakcie jakiejkolwiek kwestii, omawianej na forum dworskim, ów minister zawsze się wtrącał, przerywając swym monologiem, który do niczego nie prowadził. Nikt, nawet sam król, nie potrafił go przystopować. Co więcej, to, co miał do powiedzenia minister, obchodziło wszystkich tyle, co zeszłoroczny śnieg.

Po kolejnym bezproduktywnym posiedzeniu, król szukał spokoju w ogrodzie z dala od wszelkich frustracji, płynących z polityki dworskiej. W ogólnie dostępnej części ogrodu natknął się na grupkę roześmianych dzieciaków, które całe podekscytowane otoczyły niepełnosprawnego mężczyznę siedzącego na trawie. Dzieci ofiarowały mężczyźnie kilka monet, wskazały na małe, liściaste drzewko i poprosiły o kurczaka. Mężczyzna wyciągnął woreczek małych kamieni, tutkę i zaczął celować kamyczkami w drzewo.

Trafiał precyzyjnie, liść za liściem. W niesamowicie krótkim czasie, z zachwycającą dokładnością, wyrzeźbił z korony drzewa koguta. Dzieci dały mu jeszcze parę rupii, wskazały na duży krzak i poprosiły o słonia. Po chwili kaleki człowiek, swą tutką i celnymi z niej strzałami, nadał krzakowi formę słonia. Gdy dzieci zaczęły bić brawo, król wpadł na pewien pomysł.

Podszedł do kalekiego mężczyzny i zaproponował mu, że uczyni go tak bogatym, że nawet nie marzył o tym w najśmielszych snach, jeśli tylko pomoże mu w drobnej, choć bardzo irytującej sprawie. Król szepnął coś kalece na ucho. Człowiek pokiwał głową, wyrażając zgodę, a król, po raz pierwszy od wielu tygodni uśmiechnął się.

Następnego ranka życie dworskie rozpoczęło się jak zwykle. Nikt specjalnie nie zauważył nowych draperii na jednej ze ścian. Rząd miał rozpatrzyć podwyżkę podatków. Jak tylko król ogłosił porządek obrad, minister-maniak zaczął swoje kazanie. W chwili, gdy otworzył usta, poczuł w gardle coś małego i miękkiego, coś, co szybko trafiło do żołądka. Nie przerywał swojej tyrady. Kilka sekund później, coś małego i miękkiego znowu znalazło się w jego ustach. Przełknął to w pół zdania i mówił dalej. Ciągle musiał coś przełykać w trakcie swojego gadania, jednak podrażnienie gardła nie powstrzymało go od dalszego perorowania. Po półgodzinnym kazaniu, z pełną determinacją, przełykając coś raz za razem, poczuł narastający dyskomfort w żołądku. Ale jego upór był na tyle silny, że nie przerwał swojej litanii. Po następnych kilku minutach, jego twarz stała się bladozielona, żołądkiem targały nudności i w końcu nie dał rady więcej mówić. Trzymając się jedną ręką za obolały brzuch, a drugą mocno przyciskając usta, by nie zwymiotować jakimś paskudztwem, podchodzącym mu go gardła, rozpaczliwie rzucił się w poszukiwaniu najbliższej toalety.

Ukontentowany król podszedł do draperii i odciągnął ją, by odsłonić swego kalekę, który celował zza zasłony ze swojej tutki, opróżniając torbę z amunicją. Król niemal zataczał się ze śmiechu, gdy zobaczył olbrzymią, prawie pustą torbę po amunicji, czyli śrutowych kulek z odchodów kurczaków, które z niesamowitą precyzją lądowały w przełyku tego nieszczęsnego ministra!

Minister nie powrócił na obrady przez następne tygodnie. Było to zaskakujące, jak wiele udało się zrobić podczas jego nieobecności. Kiedy już pojawił się ponownie, nie odzywał się ani słówkiem. Gdy zamierzał coś powiedzieć, zawsze podnosił na wysokość ust prawą rękę[8]. Być może, w naszych współczesnych parlamentach, obecność tak wyborowego strzelca pomogłaby przeforsować i sfinalizować wiele spraw!

Gadatliwy żółw

Być może powinniśmy uczyć się milczeć od pierwszych dni naszego życia – pomogłoby nam to uniknąć wielu dalszych kłopotów. Historię tę opowiadam dzieciom, by uświadomić im, jak ważna jest umiejętność milczenia.

Dawno temu, w pewnym jeziorze górskim, żył sobie gadatliwy żółw. Kiedy tylko napotkał jakieś zwierzęta, z którymi dzielił swoje wodne domostwo, mówił do nich tak dużo i tak długo, i to bez przerwy, że jego słuchaczy to nudziło, potem niecierpliwiło, aż w końcu popadali w rozdrażnienie. Zwierzęta zastanawiały się, jak długo gadatliwy żółw był w stanie tak mówić, nie robiąc przy tym przerwy na oddech. Pomyślały sobie, że musi on w takim razie oddychać uszami, ponieważ nigdy nie używał ich do słuchania. Był na tyle natrętnym i gadatliwym żółwiem, że na sam jego widok, króliki wprost uciekały do swoich nor, ptaki odlatywały na najwyższe czubki drzew, a ryby skrywały się w podwodnych zakamarkach skalnych. Zwierzęta wiedziały, że ugrzęzną na długie godziny, gdy tylko dopadnie je gadatliwy żółw.

Gadatliwy żółw był de facto bardzo samotny.

Każdego roku w lecie, przylatywała nad staw para przepięknych białych łabędzi, by spędzić na tutejszych skałach swoje wakacje. Były miłe, ponieważ pozwalały, by gadatliwy żółw mówił do nich tyle, ile mu się podobało. Być może też dlatego, że wiedziały, iż spędzą tam tylko parę miesięcy. Gadatliwy żółw uwielbiał towarzystwo tych łabędzi. Mówił do nich do samej nocy, aż gwiazdy pojawiły się na niebie, a łabędzie cierpliwie słuchały.

Kiedy lato kończyło się, a dni stawały się coraz zimniejsze, łabędzie przygotowywały się do powrotu do domu. Gadatliwy żółw zaczął płakać. Nienawidził zimna i straty swoich przyjaciół.

– Och, gdybym tylko mógł polecieć z wami – wzdychał. – Czasami, gdy zbocza pokryje śnieg, a lód skuje mój staw, jest mi tak zimno i czuję się taki samotny. My, żółwie nie potrafimy latać, a gdybyśmy musieli iść pieszo, to już zaledwie po paru krokach trzeba by było wracać. Żółwie poruszają się wolno.

Wrażliwe łabędzie, poruszone smutkiem gadatliwego żółwia, złożyły mu propozycje.

– Drogi żółwiu, nie płacz. Możemy cię ze sobą zabrać, jeśli nam coś obiecasz.

– Oczywiście, że tak! Obiecuję! – powiedział podekscytowany tym gadatliwy żółw, choć jeszcze nie wiedział, co takiego będzie im musiał obiecać. – My, żółwie, zawsze dotrzymujemy obietnicy. Pamiętam nawet, jak obiecałem królikowi, zaledwie klika dni temu, że spróbuję być cicho, gdy opowiedziałem mu o różnych skorupach, jakie mają żółwie i …

Godzinę później, gdy żółw przestał mówić i dopuścił znowu do głosu łabędzie, powiedziały:

– Żółwiu, musisz nam obiecać, że się zamkniesz.

– A co w tym trudnego! – powiedział gadatliwy żółw. – Tak naprawdę, to my żółwie jesteśmy znane z naszej małomówności. Rzadko kiedy w ogóle mówimy. Któregoś dnia tłumaczyłem to pewnej rybie...

Godzinę później, kiedy gadatliwy żółw znowu zrobił przerwę, łabędzie powiedziały mu, by zacisnął zęby na środku długiego patyka i upewnił się, że ma zamknięty pysk.

Potem łabędzica wzięła jeden koniec patyka w swój dziób, a pan-łabędź wziął w dziób drugi jego koniec. Zamachały skrzydłami i... nic! Gadatliwy żółw okazał się za ciężki. Ludzie, którzy dużo mówią, zazwyczaj bardzo dużo jedzą. A gadatliwy żółw był tak gruby, że czasami nawet nie mógł wcisnąć się we własną skorupę.

Łabędzie wybrały lżejszy patyk. Wówczas, z patykiem w dziobach, z żółwiem pośrodku ściskającym patyk mocno zębami, obydwa łabędzie zamachały skrzydłami, tak mocno, jak jeszcze żadne inne dotąd i wzbiły się w powietrze, unosząc w dziobach patyk razem z uczepionym na nim żółwiem.

Był to pierwszy raz w całej historii tego świata, gdy żółw mógł latać.

Wzbijali się coraz wyżej i wyżej. Jezioro gadatliwego żółwia stawało się coraz mniejsze i mniejsze. Nawet potężne góry z odległości wydawały się malutkie. Ujrzał niesamowite widoki, których nigdy przedtem nie widział żaden inny żółw. Starał się dokładnie wszystko zapamiętać, by opowiedzieć o tym przyjaciołom, kiedy już wróci do domu.

Lecieli ponad górami i znów ponad równinami. Wszystko szło dobrze, aż do piętnastej trzydzieści, kiedy to mijali szkołę, z której dzieci właśnie wychodziły po zajęciach. Pewien chłopiec spojrzał w górę. Jak myślisz, co zobaczył? Latającego żółwia!

– Hej! – zawołał do kolegów. – Popatrzcie na tego głupiego żółwia, on leci!

Żółw nie mógł się powstrzymać.

– Kogo tak nazywasz...ty głuu... piiii!

Bach! Łupnęło, gdy gadający żółw uderzył o ziemię. I był to ostatni dźwięk, jaki z siebie wydobył[9].

Gadatliwy żółw zginął, ponieważ nie umiał milczeć, kiedy naprawdę było to tak ważne.

Więc jeżeli nie nauczysz się we właściwym momencie milczeć wówczas, kiedy okaże się to bardzo ważne, też nie będziesz potrafił trzymać buzi na kłódkę. Możesz zatem skończyć jak gadatliwy żółw.

Masz prawo mówić wszystko

Wciąż dziwię się, że w naszym nowoczesnym świecie, rządzonym gospodarką rynkową, panuje jeszcze wolność słowa. To już chyba tylko kwestia czasu, gdy jakiś odczuwający brak gotówki rząd, uzna słowa za towar i nałoży podatek na mowę.

Po zastanowieniu, nie byłoby to takim złym pomysłem. Znowu milczenie stałoby się złotem. Linie telefonicznie nie byłyby już okupowane przez nastolatków, a kolejki przy kasach w supermarketach posuwałyby się szybciej. Związki małżeńskie trwałyby dłużej, gdyż młodzi małżonkowie nie mogliby po prostu pozwolić sobie na koszty związane z kłótnią. Pocieszającym na duchu byłby fakt, gdybyśmy stwierdzili, że niektórzy z naszych znajomych znacznie zasilają skarb państwa, wpłacając na pomoc dla swobodnego słuchania tych, na których słowa do tej pory byli głusi. Przeniosłoby to obciążenie podatkowe z ciężko pracujących robotników na wytrwałych mówców. Oczywiście, najbardziej szczodrymi płatnikami tak spektakularnego systemu podatkowego, mogliby okazać się sami politycy. Im więcej spieraliby się w parlamencie, tym więcej pieniędzy by szło na nasze szpitale i szkoły. Co za wspaniały pomysł.

I w końcu, kto z tych, których zdaniem taki system podatkowy jest niepraktyczny, mógłby pozwolić sobie na gorącą przeciw niemu argumentację?

Umysł i rzeczywistość

Egzorcysta

Poniżej prezentuję prawdziwą historię o cudach w Tajlandii, o niemal nadprzyrodzonej mądrości niesamowitego Ajahna Chaha.

Wódz pobliskiej wioski wraz ze swym asystentem, podążał w pospiechu, by spotkać się z Ajahnem Chahem w jego szałasie, gdzie zwykł był on przyjmować gości. Jedna z pobliskich wieśniaczek została poprzedniego wieczora nawiedzona przez agresywnego i bardzo złego ducha. Nie byli w stanie jej pomóc, więc prowadzili ją do wielkiego mnicha. Gdy rozmawiali z Ajahnem Chahem, dobiegały ich krzyki i wrzaski.

Ajahn Chah natychmiast rozkazał dwóm nowicjuszom, by rozpalili ognisko i zagotowali trochę wody; następnym dwóm rozkazał wykopać wielki dół w pobliżu jego szałasu. Żaden z młodych mnichów nie wiedział po co.

Czterech osiłków ze wsi, typowych krzepkich hodowców ryżu z północnego zachodu, ledwo co zdołało utrzymać kobietę, wijącą się w konwulsjach. Gdy zaciągnęli ją przed jedno z najbardziej świętych sanktuariów, kobieta zaczęła rzucać bluźnierstwa i przeklinać.

Ajahn Chah ujrzał ją i warknął na uczniów:

– Pośpieszcie się z kopaniem! Niech ta woda się już zagotuje! Potrzebujemy wielkiego dołu i mnóstwa wrzącej wody.

Nie tylko mnisi, ale i mieszkańcy wioski stojący w szałasie Ajahna Chaha nie wiedzieli, co mistrz zamierza zrobić.

Gdy wepchnęli wrzeszczącą kobietę do chatki Ajahna Chaha, zaczęła dosłownie toczyć pianę z ust. W jej szeroko otwartych, naleciałych krwią oczach, widać było obłęd. A jej twarz wykrzywiały rysy szaleńca w momencie, gdy rzucała bluźnierstwa i przekleństwa pod adresem Ajahna Chaha. Inni mężczyźni pospieszyli z pomocą, by opanować ziejącą jak wulkan kobietę.

– Czy dół już gotowy? Szybko! Czy woda zagotowana? Pospieszcie się! – Ajahn Chah przekrzykiwał wrzaski kobiety. – Musimy wrzucić ją do dołu. Polać całą wrzątkiem. Potem zakopać. To jedyny sposób, by pozbyć się tych złych duchów. Kopcie szybciej! Potrzeba więcej wrzątku!

Wiedzieliśmy już z własnego doświadczenia, że nigdy nie wiadomo, co może zrobić Ajahn Chah. Stanowił ucieleśnienie niepewności w skórze mnicha. Wieśniacy byli oczywiście przekonani, że ma zamiar naprawdę wrzucić nawiedzoną kobietę do dołu, oblać ją wrzątkiem i zakopać. I pozwoliliby mu na to. A i ona musiała też tak myśleć, ponieważ zaczęła się uspakajać. Zanim dół był w całości wykopany i zanim zagotowała się woda, siedziała już spokojna i wykończona tuż na wprost Ajahna Chaha, z wdziękiem przyjmując błogosławieństwo, zanim grzecznie skierowano ją z powrotem do domu. Doskonałe.

Ajahn Chah wiedział, że niezależnie czy to opętany, czy to wariat, każdy posiada w sobie coś, co ma niezwykle potężną moc, a nazywa się instynktem samozachowawczym. On sprytnie i w sposób niewiarygodnie dramatyczny, nacisnął w niej ten guzik, a uwalniając jej własny strach przed bólem i śmiercią, pozwolił mu dokonać egzorcyzmu mającego uwolnić ją od demona, który ją opętał.

A zatem czym jest rozsadek: to intuicja, spontaniczność, niepowtarzalność.

Największa rzecz na świecie

Córka mojego kolegi z czasów college'u była w pierwszej klasie szkoły podstawowej. Jej nauczyciel zapytał dużą klasę pięciolatków:

– Co jest największe na świecie?

– Mój tatuś – powiedziała jedna mała dziewczynka.

– Słoń – odpowiedział mały chłopczyk, który niedawno odwiedził zoo.

– Góra – odpowiedział ktoś inny.

Córeczka mojego przyjaciela powiedziała:

– Moje oko jest największą rzeczą na świecie.

W klasie zapanowała cisza, ponieważ każde z dzieci chciało zrozumieć, o co chodzi dziewczynce.

– Co przez to rozumiesz? – zapytał ją nauczyciel, równie zakłopotany.

– Cóż – zaczął mały filozof – Moje oko może widzieć jej tatusia i może widzieć słonia. Może także widzieć górę i jeszcze wiele innych rzeczy. Skoro wszystko to mieści się w moim oku, zatem moje oko musi być największą rzeczą na świecie!

Mądrość to nie kwestia nauki, lecz wyraźne dostrzeganie tego, czego nigdy i nigdzie nas nie nauczą.

Z wielkim szacunkiem dla córeczki mojego przyjaciela, rozszerzyłbym jej pogląd o krok dalej. To nie twoje oko, lecz twój umysł jest największą rzeczą na świecie.

Twój umysł widzi wszystko, co może zobaczyć twoje oko, widzi jeszcze więcej, dzięki twojej wyobraźni. Może także znać dźwięki, których twoje oko nigdy nie zobaczy, znać dotyk, zarówno ten fizyczny, jak i ze sfery marzeń i wyobraźni. Twój umysł może także doświadczać tego, co leży poza zasięgiem twoich pięciu zmysłów. Ponieważ wszystko, co można poznać, jest w stanie pomieścić twój umysł, a zatem on musi być największą rzeczą na świecie. W umyśle pomieści się wszystko.

W poszukiwaniu inteligentnego umysłu

Wielu naukowców i ich zwolenników utrzymuje, że inteligentny umysł jest tylko produktem ubocznym rozumu, w związku z tym w trakcie moich wykładów, gdy przychodzi czas na pytania, często takie oto otrzymuję:

– Czy inteligentny umysł istnieje? Jeśli tak, gdzie się znajduje? Czy w fizycznym ciele? Czy może gdzieś poza nim? Czy może występuje powszechnie i w całym ciele? Gdzie jest miejsce umysłu?

By odpowiedzieć na to pytanie, przeprowadzam prosty pokaz. Zapytuję moich słuchaczy:

– Jeśli w tym momencie jesteś szczęśliwy, podnieś, proszę swoją prawą rękę. Jeśli jesteś nieszczęśliwy, nawet troszeczkę, proszę podnieś lewą rękę.

Większość podnosi prawą rękę, część z nich szczerze i otwarcie, reszta mniej ochoczo.

– Teraz – proszę dalej – ci, którzy są szczęśliwi, niech wskażą to szczęście prawym palcem wskazującym. Ci, którzy są nieszczęśliwi, niech wskażą jego brak lewym palcem wskazującym. Proszę, postarajcie się je dla mnie zlokalizować.

Moi słuchacze zaczynają machać palcami jakby zupełnie na ślepo, to w górę, to w dół. Potem rozglądają się po swoich sąsiadach, podobnie zmieszanych. Kiedy wreszcie złapią sedno, wybuchają śmiechem.

Szczęście jest naturalne i rzeczywiste. Nieszczęście jest prawdziwe. Nie ma wątpliwości, że obydwie te rzeczy istnieją. Ale nie potrafisz umiejscowić tych czystych prawd w swoim ciele, ani poza nim, ani gdziekolwiek indziej.

Jest tak dlatego, że szczęście i nieszczęście to części terytorium, zarezerwowane wyłącznie dla inteligentnego umysłu. One należą do inteligentnego umysłu tak samo, jak kwiaty i chwasty są nierozerwalną częścią ogrodu. To, że istnieją kwiaty i chwasty, dowodzi, że istnieje ogród. W taki sam sposób, istnienie szczęścia i nieszczęścia dowodzi istnienia inteligentnego umysłu.

Uświadomienie sobie, że nie potrafisz wskazać palcem na szczęście czy nieszczęście, pokazuje, że nie jesteś w stanie zlokalizować inteligentnego umysłu w trójwymiarowej przestrzeni. Natomiast, o czym już dowiedzieliśmy się i co mamy w pamięci, inteligentny umysł jest największą rzeczą na świecie – umysł nie może pomieścić się w trójwymiarowej przestrzeni, natomiast trójwymiarowa przestrzeń cała istnieje i zawiera się w inteligentnym umyśle. Jest on największą rzeczą na świecie, mieści w sobie cały wszechświat.

Nauka

Zanim zostałem mnichem, byłem naukowcem. Odkryłem w fizyce teoretycznej na Cambridge University w Anglii świat podobny do świata Zen. Czysta nauka i religia, stwierdziłem, mają ze sobą wiele wspólnego, miedzy innymi dogmat i aksjomat. Oto co mówi wspaniałe obrazowe powiedzenie, które pamiętam ze swych studenckich lat: „Sława i pozycja wielkiego naukowca jest mierzona długością czasu, w trakcie którego hamował postęp w swojej dziedzinie!".

W ostatniej debacie, toczącej się w Australii, pomiędzy nauką a religią, w której miałem swoje wystąpienie, skierowano do mnie taką oto przejmującą kwestię:

– Kiedy podziwiam przez lunetę piękno gwiazd na niebie – powiedziała zagorzała katoliczka – zawsze mam wrażenie, ze moja religia jest zagrożona.

– Proszę pani, kiedy naukowiec patrzy z przeciwnego końca lunety, od dużego końca w kierunku małego końca – odpowiedziałem – by przyjrzeć się temu, kto patrzy, to wówczas nauka jest zagrożona!

Sztuka milczenia

Może lepiej przestać się kłócić. Znane przysłowie Wschodu powiada:

„Ten kto wie, to nie mówi;
Ten, kto mówi, to nie wie".

Może to zabrzmieć głęboko, dopóki sam nie zrozumiesz, że ten, kto tak właśnie powiedział, uczynił tak dlatego, że nie wiedział!

Ślepa wiara

Gdy się starzejemy, słabnie nam wzrok, pogarsza się nam słuch, rzedną nam włosy, psują się nam zęby, nogi nas nie chcą nosić, a i ręce czasami się trzęsą. Jedyną częścią naszej struktury anatomicznej, która w miarę upływu lat staje się coraz mocniejsza, jest nasza gadatliwa buzia. To dlatego większość naszych elokwentnych obywateli może kwalifikować się na polityków, będąc już w starszym wieku.

Bardzo dawno temu pewien król miał problemy ze swymi ministrami. Spierali się tak bardzo, że w rezultacie nie podejmowano żadnych decyzji. Wszyscy ministrowie, hołdując starożytnej tradycji politycznej twierdzili, że każdy z nich z osobna miał rację, a pozostali – nie. Niemniej jednak, kiedy przedsiębiorczy król zorganizował specjalny festiwal publiczny, wszyscy jednogłośnie zgodzili się, by wziąć jeden dzień wolnego.

Festiwal był efektownym wydarzeniem, obywającym się na wielkim stadionie. Były śpiewy i tańce, akrobaci, klowni, muzyka i mnóstwo innych atrakcji. Wtem, na zakończenie festiwalu, wprost przed wielki tłum, na czele którego najlepsze miejsca zajmowali oczywiście ministrowie, król wprowadził słonia. Zaraz za słoniem podążało siedmiu ślepców, o których powszechnie wiedziano, że nie widzieli od urodzenia.

Król złapał pierwszego z nich za rękę, pomógł mu dotknąć nią i poczuć trąbę słonia i powiedział mu, że to jest słoń. Potem pomógł drugiemu ślepcowi wymacać kieł słonia, trzeciemu – uszy zwierzęcia, czwartemu – głowę, piątemu – grzbiet, szóstemu – nogi, a siódmemu – ogon, mówiąc każdemu z nich, że to jest słoń. Poczym powrócił do pierwszego ślepca i poprosił go, by głośno powiedział, co to takiego słoń.

– Zgodnie z moją przemyślaną i fachową opinią – powiedział pierwszy ślepiec, czując ręką trąbę – oświadczam z najwyższą pewnością, że „słoń" jest gatunkiem węża, rodzaj *Python asiaticus*.

– A cóż to za paplanina! – oburzył się drugi ze ślepców, wodząc rękoma po kle. – „Słoń" jest o wiele za twardy, by być wężem. Faktycznie rzecz biorąc, a nigdy się nie mylę, jest to pług rolniczy.

– Nie gadaj głupot! – wyśmiał go trzeci ślepiec, dotykając ucha. – „Słoń" to wachlarz z liścia palmy.

– Wy marni głupcy! – zaśmiał się czwarty ze ślepców, dotykając głowy. – „Słoń" to niewątpliwie wielki dzban na wodę.

– Niemożliwe! Absolutnie niemożliwe! – zagrzmiał piąty ślepiec, wodząc rękoma po grzbiecie. „Słoń" to olbrzymia skała.

– Brednie! – krzyknął szósty ze ślepców, dotykając nogi. – „Słoń" to konar drzewa.

– Co za bzdury! – odezwał się z pogardą ostatni ze ślepców, dotykając ogona. – Powiem wam, czym rzeczywiście jest słoń. To pewien rodzaj miotełki do oganiania much. Wiem to, czuję to!

– Dyrdymały! To jest wąż.

– Nie może być! To dzban.

– Nigdy w życiu! To jest ...

I tak oto wszyscy ślepcy zaczęli zagorzale się spierać, mówiąc jeden przez drugiego, a ich słowa zlewały się w jedno, tworząc głośny i przedłużający się w czasie ryk. Wraz z obelgami pojawiły się pięści. Chociaż ślepcy nie wiedzieli dokładnie, kogo uderzają, w tej gorącej awanturze nie wydawało się to aż tak istotne. Bili się dla zasady, dla sprawy, dla prawdy. Tak szczerze mówiąc, dla swojej własnej prawdy.

Kiedy gwardia królewska rozdzielała już ślepych i posiniaczonych rozrabiaków, tłum na stadionie szydził z milczących, zawstydzonych ministrów. Każdy z tam obecnych doskonale zrozumiał, o co tak naprawdę chodziło królowi w tej pragmatycznej lekcji[10].

Każdy z nas zna jedynie część tego, co stanowi całą prawdę. Kiedy obstajemy przy naszej absolutnej prawdzie, kierując się własną ograniczoną wiedzą, jesteśmy jak ci ślepcy, którzy wyczuwali rękoma tylko pewną część ciała słonia i wnioskowali, że jedyna prawdę stanowi ich cząstkowe doświadczenie, a wszystko inne, to fałsz.

Zamiast ślepej wiary, możemy prowadzić dialog. Wyobraź sobie wynik. Gdyby tak siedmiu ślepców, zamiast obalać nawzajem swoje fakty, połączyli razem siły i swoje doświadczenie, doszliby do wniosku, że „słoń" to coś w rodzaju wielkiej skały stojącej na czterech tęgich konarach drzewa. W tylnej części skały jest miotełka do odganiania much, a na przedniej – wielki dzban na wodę. Na bocznych ściankach dzbana są wachlarze z liści palmowych, z dwoma pługami, skierowanymi do dołu i długim pytonem pośrodku! Nie byłby to wcale zły opis słonia dla tego, kto nigdy w ogóle słonia nie widział.

Wartości i życie duchowe

Najpiękniejszy dźwięk

Pewien prosty człowiek po raz pierwszy w życiu udał się na wycieczkę do miasta. Dorastał w odległej górskiej wiosce, ciężko pracował wychowując swoje dzieci, teraz po raz pierwszy miał sposobność, by odwiedzić swoje dzieci w ich nowoczesnych domach.

Pewnego dnia, kiedy stary człowiek zwiedzał miasto, usłyszał dźwięk, którego nieprzyjemny ton utkwił mu w uszach. Żyjąc w swojej spokojnej wiosce pośród gór, nigdy nie słyszał tak okropnego dźwięku, uparł się zatem, by dowiedzieć się, skąd pochodzi. Wiedziony jego zgrzytliwą barwą w kierunku miejsca, gdzie znajdowało się jego źródło, wszedł do pokoju na tyłach domu, gdzie mały chłopiec ćwiczył na skrzypcach.

„Zgrzyt Zgrzyt!" – dobiegały fałszywe tony – chłopiec „piłował" skrzypce.

Kiedy syn powiedział mu, że to „coś" to skrzypce, zaparł się, że już nigdy więcej nie zechce posłuchać czegoś tak paskudnego.

Następnego dnia, w innej części miasta, stary człowiek usłyszał dźwięk, który miło połechtał jego wysłużony słuch. Nigdy w życiu w swojej górskiej wiosce nie słyszał tak czarującej melodii, więc postanowił odnaleźć źródło. Podążając za ujmującą muzyką, wszedł do jakiegoś pokoju na froncie pewnego domu, gdzie starsza kobieta, mistrzyni, wykonywała na skrzypcach sonatę.

Stary człowiek momentalnie zauważył swój błąd. Upiorny dźwięk, który słyszał poprzedniego dnia, to nie była wina skrzypiec, a nawet nie chłopca. Po prostu młody człowiek miał przed sobą jeszcze dużo nauki, by perfekcyjnie opanować grę.

Mając na uwadze mądrość, zawartą w prostych ludowych podaniach, ów człowiek pomyślał, że to samo dotyczy religii. Kiedy spotykamy fanatyka religijnego, manifestującego swe uczucia w sposób nachalny, stanowiąc tym zarzewie konfliktu, obwinianie religii nie jest zasadne. To tak, jakby świeżo upieczony wyznawca danego kultu, po prostu nie poznał do końca kanonów swojej nowej religii. Natomiast napotkany święty, mistrz swojej religii, jest niczym kojące doświadczenie, stanowiące dla nas inspirację na wiele lat, bez względu na rodzaj wiary.

Ale to jeszcze nie koniec historii.

Trzeciego dnia, w jeszcze innej części miasta, nasz stary człowiek usłyszał następny dźwięk, którego piękno i czystość barwy przewyższały o niebo nawet grę mistrzyni skrzypiec. Jak myślisz, co to był za głos?

Był to odgłos znacznie piękniejszy niż szum górskiej siklawy na wiosnę, niż jesienny wiatr szemrzący liśćmi zagajników, czy nawet śpiew ptaków, radujących się po ulewnym deszczu. Nawet znacznie piękniejszy niż cisza w górskich dolinach podczas spokojnej zimowej nocy. Cóż to za głos tak mocno poruszył serce starego człowieka, jak jeszcze nic dotąd?

Była to wielka orkiestra wykonująca symfonię.

Przyczyną, dla której staremu człowiekowi głos ten wydawał się najcudowniejszy na świecie, było po pierwsze to, że każdy członek orkiestry stał się już mistrzem swego instrumentu, a po drugie, że już wszyscy nauczyli się, jak mają grać wspólnie, zachowując przy tym harmonię.

„Tak samo może być i z religią" – pomyślał stary człowiek. „Niech każdy z nas czerpie naukę o łagodności serca naszych przekonań prosto z codziennego życia. Niech każdy z nas będzie mistrzem miłości na gruncie religii. A wówczas, dobrze już poznawszy naszą religię do końca, idźmy dalej i się nauczmy wspólnej gry, tak jak członkowie orkiestry, z innymi religiami i grajmy razem w zgodzie i harmonii!"

Będzie to wówczas najpiękniejszy głos na świecie.

Co tkwi w imieniu?

W naszej tradycji kiedy ktoś zostaje buddyjskim mnichem dostaje nowe imię. Moje mnisie imię brzmi „Brahmavamso", ale ze względu na to, że jest zbyt długie, skraca się do „Brahm". Teraz każdy tak do mnie się zwraca, z wyjątkiem mojej mamy. Ona wciąż mówi do mnie „Peter" i bronię jej prawa do tego.

Kiedyś, w trakcie rozmowy telefonicznej, gdy zapraszano mnie na międzywyznaniową uroczystość, poproszono mnie, bym przeliterował swoje imię. Odpowiedziałem:

B – *jak buddysta*
R – *jak rzymskokatolik*
A – *jak anglikanin*
H – *jak hinduista*
M – *jak muzułmanin*

Spotkałem się z bardzo miłą reakcją, stąd od tamtej pory w taki właśnie sposób zawsze literuję moje imię, podkreślając w ten sposób samo sedno jego znaczenia.

Potęga piramid

W lecie 1996 roku, zaraz po moich osiemnastych urodzinach, zażywałem przyjemności podczas mojego pierwszego wypadu w lasy tropikalne. Podróżowałem po Jukatanie w Gwatemali, obierając sobie za cel, nie tak dawno odkryte, piramidy zaginionej cywilizacji Majów.

W tamtym czasie podróżowanie było trudne. Zajęło mi to trzy lub cztery dni, by przebyć kilkaset kilometrów z miasta Gwatemala City do kompleksu świątynnego nazywanego Tical. Płynąłem korytami wąskich tropikalnych rzek, w przesiąkniętych olejem łódkach rybackich, w dół krętych, zanieczyszczonych kanałów; jechałem brudnymi, krętymi uliczkami, balansując na plandece mocno przeładowanych ciężarówek i małymi ścieżkami wewnątrz dżungli na rozklekotanych, rozpadających się rikszach. Była to kraina daleka, biedna i dziewicza.

Kiedy w końcu dotarłem do rozległego kompleksu opuszczonych świątyń i prastarych piramid, nie miałem ani przewodnika, ani mapy, które mogłyby mi powiedzieć, co znaczą te imponujące skalne monumenty wysoko sięgające nieba. Nie było wokół nikogo, więc zacząłem się wspinać na jedną z tych wysokich piramid.

Gdy tylko dotarłem na szczyt, znaczenie i cel duchowy tych piramid od razu stały się dla mnie jasne.

Przez ostatnie trzy dni podróżowałem wyłącznie przez dżunglę. Drogi, ścieżki i rzeki były jak tunele, biegnące przez gęstą zieleń. Dżungla szybko zarastała sklepieniem nad każdym nowym traktem. Od wielu dni nie widziałem linii horyzontu. Prawdę powiedziawszy, w ogóle nie widziałem nic, co jest w oddali. Byłem w dżungli.

Na czubku tej piramidy, stanąłem ponad tym splątanym gąszczem dżungli. Nie tylko mogłem zobaczyć gdzie jestem, patrząc z góry na panoramę, niczym na mapę, ale także mogłem widzieć wszystko w każdym kierunku. Nic nie zasłaniało mi bezkresnej dali.

Stojąc tam, niczym na samym szczycie świata, wyobrażałem sobie, jakby to mogło być dla młodego Indianina z cywilizacji Majów, który urodził się w dżungli, wychowywał się w dżungli i przez całe swoje życie w dżungli mieszkał. Wyobrażałem sobie ich w ceremoniach religijnych, jak po raz pierwszy mądry senior, oddany wierze, grzecznie prowadzi ich za rękę aż na sam szczyt piramidy. Kiedy znaleźli się ponad linią drzew i ujrzeli swój jedyny, dotąd zamknięty świat dżungli, który teraz przed sobą widzieli jak na dłoni, kiedy sięgnęli wzrokiem poza granice swojego terytorium po sam horyzont i jeszcze dalej, byli w stanie zobaczyć wielką, wszechogarniającą pustkę – ponad i wokół. Na czubku tej piramidy, u wrót pomiędzy niebem a ziemią, nie było nikogo, niczego, nie było nawet słów dzielących ich od bezkresnej dali, gdziekolwiek by nie spojrzeli. Ich serce z pewnością zestroiło się z symbolizmem scenerii. Rozkwitały kwiaty prawdy, emanując zapachem świeżego poznania. Mogli zrozumieć swoje miejsce we własnym świecie i mogli dostrzec to, co nieskończone, tę bezgraniczną przestrzeń, która to wszystko w sobie mieści. Ich życie mogło nabrać znaczenia.

Wszyscy potrzebujemy trochę czasu i spokoju, by wspiąć się na taką duchową piramidę wewnątrz każdego z nas, wspiąć się ponad i przekroczyć granice gęstwiny dżungli, którą jest nasze życie, choćby tylko na parę chwil. Wówczas możemy dostrzec i znaleźć dla siebie jakieś miejsce pośród tych wszystkich rzeczy wokół, ogólny zarys podróży życia i wpatrywać się swobodnie w tę otaczającą nas ze wszystkich stron nieskończoność.

Drogocenne kamienie

Kilka lat temu w pewnej znanej szkole biznesu w USA, jeden z profesorów wygłosił dla swoich uczniów wyjątkowy wykład na temat ekonomiki społecznej. Bez wyjaśniania, co zamierza zrobić, postawił na katedrze szklany słój. Potem, na oczach swoich studentów, wyciągnął torbę pełną kamieni i zaczął przekładać je do słoja, po jednym, aż do pełna. Zapytał swoich uczniów:

– Czy słój jest pełny?

– Tak – odpowiedzieli.

Profesor uśmiechnął się. Spod katedry wyciągnął drugą torbę, tym razem ze żwirem. Potem, potrząsając słojem, wsypywał do niego żwir, aż ten wypełnił miejsce pomiędzy większymi kamieniami, będącymi już w słoju. Ponownie zapytał swoich studentów:

– Czy słój jest pełny?

– Nie – odpowiedzieli. Teraz już wiedzieli, o co mu chodzi.

Oczywiście, mieli rację, gdyż profesor wyciągnął teraz torbę z piaskiem. Starał się na siłę wsypać jeszcze trochę piasku do słoja, pomiędzy znajdujące się w nim kamienie i żwirek. Zapytał znowu:

– Czy słój jest pełny?

– Przypuszczalnie nie, proszę pana, o ile pana znamy – odpowiedzieli studenci.

Słysząc ich odpowiedź profesor uśmiechnął się i wyjął mały dzbanek wody, którą to wlał do słoja z kamieniami, żwirem i piaskiem. Kiedy już słój był maksymalnie pełny, odstawił dzbanek i spojrzał na swoją grupę.

– A więc, czego was to nauczyło? – zapytał swoich uczniów.

– Że niezależnie, jak masz wypełniony grafik – zgłosił się jeden ze studentów – zawsze możesz jeszcze coś dodatkowego w nim wcisnąć! – była to, bądź co bądź, doskonała szkoła biznesu.

– Nie! – zagrzmiał profesor stanowczo. – To pokazuje, że jeśli chcesz włożyć do środka duże kamienie, musisz je włożyć tam w pierwszej kolejności.

Była to lekcja na temat priorytetów.

A zatem czym w twoim życiu są te „duże kamienie" w słoju? Co jest najważniejsze dla twojego życia? Proszę upewnijcie się, że najpierw zajęliście się układaniem „dużych kamieni", bo w przeciwnym razie, nigdy sobie z nimi nie poradzicie tak, by na właściwym miejscu umieścić je w swoim grafiku.

Wtedy będę szczęśliwy

Być może wśród najcenniejszych kamieni, które powinniśmy mieć w naszym „słoiku" od samego początku, leży wewnętrzne szczęście. Kiedy nie mamy w sobie szczęścia, nie mamy go także dla innych. Dlaczego więc tak wiele z nas przykłada tak niewielką wagę do szczęścia, spychając je na sam koniec? (Czy nawet poza margines, o czym mówi ta oto historia).

Kiedy miałem czternaście lat, przygotowywałem się do sprawdzającego egzaminu gimnazjalnego w jednej z londyńskich szkół. Rodzice, jak i nauczyciele, doradzali mi, abym przestał wieczorami i weekendami grać w nogę i został w domu by poświęcić ten czas na naukę. Tłumaczyli, jak ważne są tego typu egzaminy i że ich pomyślny wynik sprawi, że będę szczęśliwy i zadowolony.

Podążyłem za ich radą i bardzo dobrze mi poszło. Ale to wcale nie uczyniło mnie szczęśliwym, ponieważ mój sukces oznaczał, że teraz będę musiał uczyć się jeszcze intensywniej i to przez następne dwa lata, do egzaminów maturalnych. Moi rodzice i nauczyciele doradzali mi, abym przestał wychodzić wieczorami i w weekendy z kolegami, przestał uganiać się za dziewczętami, za piłką, zamiast tego siedział w domu i się uczył. Powiedzieli mi, jak ważne są egzaminy tego typu, a jeśli dobrze mi pójdzie, to będę szczęśliwy i zadowolony.

I znowu, zastosowałem się do ich rad i bardzo dobrze mi poszło. I znowu, wcale nie uczyniło mnie to szczęśliwym. Ponieważ teraz musiałem uczyć się jeszcze bardziej, i to przez następne trzy lata, by zdobyć dyplom uniwersytecki. Moja mama i nauczyciele (mój ojciec już nie żył) doradzali mi, bym unikał barów i prywatek z kumplami z college'u, a zamiast tego uczył się mozolnie i wytrwale. Mówili mi, jak bardzo ważny jest dyplom uniwersytecki, i jeśli podołam temu, będę szczęśliwy i zadowolony.

W tym momencie zacząłem mieć pewne podejrzenia. Zobaczyłem kilku moich starszych znajomych, którzy pracowali niegdyś bardzo ciężko i zdobyli dyplom. Teraz pracowali jeszcze bardziej na swojej pierwszej posadzie. Pracowali niewyobrażalnie ciężko, by zaoszczędzić na kupno czegoś dla nich ważnego, powiedzmy, samochodu. Mówili mi: „Kiedy będę miał na tyle pieniędzy, by kupić sobie samochód, wtedy będę szczęśliwy".

Kiedy już mieli na tyle kasy, by pozwolić sobie na swój pierwszy samochód, wciąż nie byli szczęśliwi. Teraz pracowali bardzo ciężko, by kupić sobie coś innego, dopiero potem będą szczęśliwi. Albo też wikłali się w romanse, poszukując partnera na cale życie. Mówili mi: „Kiedy się ożenię i ustatkuję, wówczas będę szczęśliwy".

Kiedy już żyli w małżeństwie, nadal nie byli szczęśliwi. Musieli wówczas pracować jeszcze ciężej, nawet biorąc dodatkową pracę i nadgodziny, by odłożyć coś na mieszkanie, czy nawet na mały dom. Mówili mi: „Kiedy kupimy nasz własny dom, wówczas będziemy szczęśliwi".

Niestety, spłata miesięcznych rat kredytu mieszkaniowego oznaczała, że wciąż nie byli bardzo szczęśliwi. Co więcej, zaczynali teraz prowadzić prawdziwe życie rodzinne. Mieli dzieci, do których trzeba było wstawać o trzeciej w nocy, które pochłaniały wszelkie oszczędności i były źródłem wielu trosk, a wszystko działo się w zaskakującym tempie. Teraz czekało ich następne dwadzieścia lat, zanim będą mogli zrobić to, na co naprawdę mają ochotę. Zatem mówili mi: „Kiedy dzieci dorosną, wyprowadzą się z domu na swoje, wówczas będziemy szczęśliwi".

Do czasu, jak dzieci wyprowadziły się z domu, większość rodziców myślała o emeryturze. Więc znów odkładali swoje szczęście pracując ciężko, by zaoszczędzić coś na starość. Mówili mi: „Kiedy będę na emeryturze, wtedy dopiero będę szczęśliwy".

Nawet zanim przeszli na emeryturę, lub też zaraz potem, stali się religijni i zaczęli chodzić do kościoła. Czy kiedykolwiek zauważyłeś, ile starszych ludzi zajmuje ławki w kościele? Zapytałem ich, dlaczego teraz chodzą do kościoła. Mówili mi: „Ponieważ, kiedy umrę, wtedy będę szczęśliwy!".

Dla tych, którzy wierzą, że „Kiedy to zdobędę, wtedy będę szczęśliwy", szczęście będzie zaledwie ulotnym marzeniem gdzieś w dalekiej przyszłości. Będzie niczym tęcza, albo czymś, co jest tuż tuż, ale zawsze poza naszym zasięgiem. Nigdy w swoim życiu czy nawet śmierci, nie zaznają szczęścia.

Rybak z Meksyku

W spokojnej meksykańskiej wiosce rybackiej, pewien Amerykanin przebywający tam na wakacjach obserwował rybaka, jak wyładowuje poranny połów. Amerykanin, odnoszący wówczas sukcesy profesor jednej z prestiżowych szkół biznesu w Stanach Zjednoczonych, nie mógł powstrzymać się, by czegoś rybakowi nie doradzić.

– Hej! – zaczął Amerykanin. – Dlaczego kończysz tak wcześnie?

– Ponieważ, Senior, złowiłem już wystarczająco dużo – odpowiedział miło rybak – wystarczająco, by wyżywić moją rodzinę i coś ekstra, by sprzedać. Teraz zjem z moją żoną jakiś obiadek, potem mała popołudniowa sjesta, pobawię się z moimi dzieciakami. Potem, po kolacji, pójdę do kantyny, wypiję z kumplami trochę tequili, pogramy na gitarze. To mi wystarczy, Senior.

– Posłuchaj mnie, drogi przyjacielu – powiedział profesor ekonomii. – Jeśli pozostaniesz na morzu do późnego popołudnia, z łatwością złowisz dwa razy tyle, co teraz. Możesz coś sprzedać ekstra, zaoszczędzić pieniądze, a wciągu pół roku, może dziewięciu miesięcy, będziesz mógł sobie pozwolić na większą i lepszą łódkę, a nawet na wynajęcie dodatkowych rąk do pracy. A wówczas złowisz cztery razy więcej ryb. Pomyśl tylko o dodatkowych pieniądzach, które zarobisz! W kolejnym roku, czy za dwa lata, będziesz miał tyle gotówki, by kupić następny kuter rybacki i wynająć następnych ludzi. Jeśli będziesz postępował zgodnie z takim biznesplanem, w ciągu sześciu, może siedmiu lat będziesz dumnym właścicielem pokaźnej floty rybackiej. Tylko wyobraź sobie! Wówczas będziesz mógł przenieść swoją siedzibę firmy do Mexico City, czy nawet do Los Angeles. Po trzech, czterech latach w Los Angeles, będziesz mógł wejść ze swoją flotą na giełdę, przyznasz sobie stanowisko Prezesa Zarządu, wspaniały pakiet finansowy z pokaźnymi udziałami w majątku spółki. W ciągu następnych kilku lat – posłuchaj uważnie! – przeprowadzisz wykup własnych akcji, co uczyni cię multimilionerem! Masz to jak w banku! Jestem znanym profesorem amerykańskiej szkoły zarządzania. Znam się na tych sprawach.

Meksykański rybak słuchał uważnie tego, co miał do powiedzenia podniecony profesor z Ameryki. Kiedy profesor skończył, Meksykanin zapytał go:

– Ale Senior Profesor, co ja zrobię z tyloma milionami dolarów?

O dziwo, amerykański profesor nie obmyślił biznesplanu aż tak daleko. Więc szybciutko wymyślił, co można zrobić z milionami dolarów.

– Amigo! Z taką kasą, możesz przejść na emeryturę. Jasne! Na dożywotnią emeryturę. Możesz kupić małą willę w malowniczej wiosce rybackiej, takiej jak ta i kupić małą łódkę na poranne połowy. Codziennie będziesz mógł jeść lunch ze swoją żoną i mieć potem sjestę i głowę wolną od trosk. Po południu będziesz mógł spędzać masę czasu ze swoimi dzieciakami, a wieczorem, po kolacji, grać w kantynie na gitarze z kumplami, pić tequilę. Jasne, z całą tą kupą pieniędzy, mój przyjacielu, możesz przejść na emeryturę i w spokoju cieszyć się życiem.

– Ale Senior Profesor, teraz dokładnie robię to samo.

Dlaczego wierzymy, że musimy najpierw pracować bardzo ciężko i zostać bogatymi, zanim będziemy w stanie osiągnąć zadowolenie?

Kiedy spełniły się wszystkie moje marzenia

Moja tradycja buddyjska nie zezwala mnichom przyjmować, posiadać ani nawet mieć do czynienia z pieniędzmi i to w jakiejkolwiek formie. Jesteśmy tak biedni, że zaniżamy statystyki rządowe.

Żyjemy skromnie, utrzymując się z dobrowolnych, skromniutkich datków naszych świeckich ofiarodawców. Niemniej jednak, czasem trafia nam się coś wyjątkowego.

Pomagałem pewnemu Tajlandczykowi w jego osobistym problemie. W akcie podziękowania, tak do mnie powiedział:

– Proszę Pana, chciałbym ofiarować panu coś osobistego. Co mógłbym Panu ofiarować za równowartość pięciuset bahtów?

Zwykle podawano sumę, gdybym przypadkiem nie zrozumiał, o co chodzi. Jako, że nie mogłem od razu wymyślić, czego potrzebuję, a jemu się spieszyło, zdecydowaliśmy, że powiem mu następnego dnia, kiedy przyjdzie ponownie.

Zanim wydarzyła się ta cała historia, byłem małym, szczęśliwym mnichem. Teraz zacząłem rozmyślać nad tym, czego bym chciał. Zrobiłem listę. Lista stawała się coraz dłuższa. Niebawem, pięćset bahtów było za mało. Ale bardzo trudno było wykreślić coś z listy. Potrzeby pojawiły się znikąd i zastygły w postaci niezbędnych konieczności. A lista wciąż rosła. Teraz nawet pięć tysięcy bahtów było za mało!

Widząc, co się dzieje, wyrzuciłem moją listę życzeń. Następnego dnia powiedziałem mojemu dobroczyńcy, by przekazał pięćset bahtów na fundusz budowy zakonu lub na inny zbożny cel. Nie chciałem tego. To, czego pragnąłem najbardziej, to odzyskanie rzadko spotykanego zadowolenia, które miałem jeszcze przedwczoraj. Kiedy nie posiadałem pieniędzy ani żadnych środków na zdobycie czegokolwiek, był to czas spełnienia moich wszystkich życzeń.

Żądza posiadania nie ma końca. Nawet bilion bahtów to za mało, a nawet bilion dolarów. Ale wolność od chęci posiadania ma gdzieś swój koniec. Następuje wtedy, gdy nie pragniesz niczego. Zadowolenie jest tym właśnie stanem.

Wolność i pokora

Dwa rodzaje wolności

W naszym świecie spotyka się dwa rodzaje wolności: wolność, a raczej swoboda do posiadania wszelkich pragnień i wolność, a raczej swoboda od wszelkich pragnień.

Nasza współczesna kultura Zachodu uznaje jedynie pierwszą z nich, wolność, a raczej swobodę do posiadania wszelkich pragnień. Czci zatem taką wolność, gwarantując ją już w pierwszych paragrafach każdej narodowej konstytucji, jak i w ustawach dotyczących praw człowieka. Można powiedzieć, że podstawowym credo większości zachodnich demokracji jest to, by zapewnić własnym obywatelom swobodę do realizacji ich pragnień, w stopniu, w jakim jest to tylko możliwe i dopuszczalne. Warto zauważyć, że w tych krajach ludzie nie czują się zbyt swobodnie.

Drugi rodzaj wolności, a raczej swobody od wszelkich pragnień, czci się jedynie w niektórych wspólnotach czy społecznościach religijnych. Hołduje ona ukontentowaniu, wyciszeniu, które wolne są od wszelkich pragnień. Warto podkreślić, że w tak wstrzemięźliwych społecznościach, jak klasztory, ludzie czują się wolni.

Którą wolność wybierasz?

Dwaj wysoce zacni mnisi zostali kiedyś zaproszeni przez rodzinę świeckich buddystów na wspólny poranny posiłek. W pokoju gościnnym, gdzie chwilkę czekali, było ozdobne akwarium z wieloma cennymi gatunkami. Młodszy z mnichów z przykrością zauważył, że trzymanie ryb w akwarium jest wbrew buddyjskiemu kanonowi litości dla zwierząt. To tak, jakby trzymać je w więzieniu. Co takiego zrobiły ryby, by zasłużyć sobie na uwięzienie w szklanej celi? Powinny sobie wolno pływać w rzekach i jeziorach, jak im się podoba. Drugi mnich nie zgadzał się z nim. To prawda, przyznał, że ryby te nie miały prawa realizować swoich pragnień, ale życie w akwarium uchroniło i uwolniło je od wielu niebezpieczeństw. I tu wymienił ich swobody.

1. Czy kiedykolwiek widziałeś, by jakiś rybak zarzucał wędkę w domowym akwarium? Nie! Więc pierwszą swobodą dla ryb w akwarium jest wyzwolenie od zagrożeń ze strony rybaków.
   Wyobraź sobie, jak to jest z rybami żyjącymi dziko. Kiedy widzą smakowitego robaka czy soczystą tłustą muchę, nigdy nie mają pewności, czy zjedzenie ich jest bezpieczne, czy nie. Nie ma wątpliwości, że widziały już wielu swoich kompanów i krewnych, którzy łakomili się na apetycznie wyglądającego robaka, po czym natychmiast znikali na zawsze wyławiani na wędce. Dla ryb żyjących na dziko, jedzenie jest pełne zagrożeń i zazwyczaj kończy się tragedią. Obiad to doznanie traumatyczne. Wszystkie ryby muszą cierpieć na chroniczną niestrawność z powodu złożonego kompleksu lękowego towarzyszącego każdemu posiłkowi, a przypadki paranoidalne z pewnością postanawiają zagłodzić się na śmierć. Dzikie ryby niewątpliwie mają naturę psychotycz-

ną. Natomiast ryby w akwarium wolne są od tych wszystkich zagrożeń.

2. Ryby żyjące dziko z pewnością obawiają się także, że zostaną zjedzone przez większe ryby. Obecnie, w przypadku niektórych wysychających rzek, niebezpiecznie jest przechadzać się nocą wzdłuż koryta! A jednak, żaden właściciel nie wsadzi (naumyślnie) do akwarium żadnych ryb, które pożerałyby się nawzajem. Tak więc ryby w akwarium wolne są od zagrożeń ze strony ryb-kanibali.
3. W przyrodzie, niektórym dziko żyjącym rybom, czasami brakuje pożywienia. Natomiast dla ryb w akwarium, jest to niczym mieszkanie w sąsiedztwie restauracji. Dwa razy dziennie prawidłowo skomponowane jedzonko puka do ich drzwi, a komfortowa dostawa bije przy tym na głowę domową dostawę pizzy, bo nawet nie muszą za nią płacić. A zatem ryby w akwarium wolne są od ryzyka głodu.
4. Przy zmianach pór roku rzeki i jeziora narażone są na skoki temperatur. W zimie temperatura spada na tyle, że mogą one być skute lodem. W lecie, woda może być zbyt ciepła dla ryb, czasami nawet wysycha. Natomiast ryby w akwarium mają zapewnioną ciągłą cyrkulację wody, odpowiednio natlenionej. Temperatura wody w akwarium utrzymywana jest na stałym poziomie, bez przerwy, dniami i nocami przez okrągły rok. A zatem ryby w akwarium wolne są od zagrożeń ze strony ekstremalnych skoków termicznych.
5. W warunkach naturalnych, kiedy ryby zachorują, nie ma nikogo, kto by im pomógł. Natomiast ryby w akwarium mają bezpłatne ubezpieczenie zdro-

wotne. Ich właściciel zawsze sprowadzi do nich weterynarza od ryb, bez względu, co im dolega; nie muszą nawet iść do przychodni. A zatem ryby w akwarium są wolne od pokrywania kosztów za opiekę medyczną.

Drugi mnich, ten starszy, w taki oto sposób podsumował swoje stanowisko.

– Istnieje wiele zalet bycia rybą w akwarium – rzekł. – To prawda, nie są na tyle wolne, by zaspakajać swoje pragnienia i pozwalać sobie na to czy owo, ale wolne są od mnóstwa zagrożeń i niedogodności.

Starszy mnich wyjaśniał dalej, że to samo dotyczy ludzi, którzy prowadzą cnotliwe życie. To prawda, nie są na tyle wolni, by zaspakajać swoje wszelkie pragnienia i pozwalać sobie na to czy owo, ale wolni są od mnóstwa zagrożeń i niedogodności.

A ty, który rodzaj wolności byś wolał?

Wolny Świat

Jeden z moich znajomych mnichów od kilkunastu tygodni nauczał medytacji w pewnym więzieniu o zaostrzonym rygorze niedaleko Perth. Mała grupa więźniów pilnie uczestniczyła w zajęciach, obdarzając mnicha właściwym szacunkiem. Na koniec jednej z sesji zaczęli pytać go o porządek obowiązujący w jego buddyjskim klasztorze.

– Musimy wstawać codziennie o czwartej rano – zaczął. – Czasami jest bardzo zimno, ponieważ nasze małe cele nie są ogrzewane. Jemy tylko jeden posiłek dziennie, wszystko wymieszane razem w jednej miseczce. Po południu ani wieczorem nie wolno nam w ogóle niczego spożywać. Oczywiście, nie ma żadnego seksu ani alkoholu. Nie mamy też telewizora, radia ani muzyki. Nigdy nie oglądamy filmów ani nie uprawiamy sportów. Rozmawiamy niewiele, pracujemy ciężko, a większość wolnego czasu spędzamy siedząc w pozycji medytacyjnej ze skrzyżowanymi nogami, koncentrując się na naszym oddechu. Śpimy na podłodze.

Więźniowie byli totalnie zaskoczeni spartańskim rygorem naszego klasztornego życia. W porównaniu do niego, to więzienie pod specjalnym nadzorem było dla nich niczym czterogwiazdkowy hotel. Prawdę powiedziawszy, jeden z więźniów był na tyle poruszony, że okazując współczucie dla niedoli życia swego kolegi mnicha, zapomniał, gdzie się znajduje, i powiedział:

– Życie w klasztorze jest straszne. Dlaczego go nie opuścisz i nie dołączysz do nas?

Mnich powiedział mi, że wszyscy w sali parsknęli śmiechem. Ja także, gdy mi o tym opowiadał. Potem zacząłem głęboko się nad tym zastanawiać.

To prawda, że mój klasztor jest o wiele bardziej ascetyczny niż najcięższe więzienia dla kryminalistów, jednak wielu przybywa tu dobrowolnie i zostaje, i są tutaj szczęśliwi. Z kolei wielu chce uciec z więzienia pod specjalnym nadzorem, bo są tam nieszczęśliwi. Dlaczego?

Dzieje się tak dlatego, że w moim klasztorze, więźniowie chcą w nim być W więzieniu, ukarani nie chcą w nim przebywać. W tym tkwi różnica.

Każde miejsce, w którym nie chcesz być, bez względu na panujące tam wygody, jest dla ciebie więzieniem.

Oto jest prawdziwe znaczenie słowa „więzienie" – każda sytuacja, w której nie chcesz być. Jeśli masz pracę, w której nie chcesz być, wówczas jesteś w więzieniu. Jeśli jesteś w związku, w którym nie chcesz być, wówczas jesteś w więzieniu. Jeśli jesteś chory i musisz żyć w bolesnym ciele, w jakim nie chcesz żyć, wówczas także jest to dla ciebie więzienie.

W jaki zatem sposób możesz uciec z tych licznych życiowych więzień? Nic trudnego. Po prostu zmień podejście do swojej sytuacji, widząc ją jako: „Chcę tu być". Nawet w San Quentin, czy czymś równie wspaniałym – moim klasztorze – jeśli zechcesz tam być, przestaje ono być dla ciebie więzieniem. Zmieniając swoje wyobrażenie pracy, związku czy chorego ciała i raczej akceptując sytuację, a nie odpychając ją, przestajesz czuć się jak w więzieniu. Kiedy cieszy cię, że tam jesteś, wówczas jesteś wolny.

Wolność oznacza zadowolenie z miejsca, w którym się znajdujesz. Wolny Świat to świat tego, kto doświadczył zadowolenia. Prawdziwa wolność, to uwolnienie od pragnień, nigdy zaś wolność do ich posiadania.

Kolacja z Amnesty International

Mając na uwadze surowe warunki życia panujące w moim zakonie, bardzo dbam o utrzymywanie dobrych stosunków z miejscową filią Amnesty International w Perth. Tak więc, kiedy dostałem zaproszenie na kolację wydawaną przez Amnesty International, by świętować pięćdziesiątą rocznicę uchwalenia Powszechnej Deklaracji Praw Człowieka, te oto słowa odpisałem w odpowiedzi:

Szanowna Pani Julia,
Menager ds. Reklamy i Promocji,

Bardzo dziękuję za Pani ostatni list, dotyczący uroczystej kolacji z okazji pięćdziesiątej rocznicy uchwalenia Powszechnej Deklaracji Praw Człowieka, mającej odbyć się w sobotę 30 maja. Było mi niezmiernie miło otrzymać zaproszenie do wspólnej kolacji.

Niemniej jednak, jako mnich buddyjski tradycji Theravady, muszę stosować się do surowej Reguły, jaką mi ona narzuca. Z przykrością informuję, Reguła zabrania spożywania jakichkolwiek posiłków od południa do świtu następnego dnia, stąd niestety, kolacja nie wchodzi w rachubę! Alkohol jest także zabroniony, w tym także wino. Gdybym zatem przyjął Pani zaproszenie, musiałbym siedzieć z pustym talerzem i pustym kieliszkiem, obserwując wszystkich wokół, delektujących się czymś znakomitym, co byłoby niewątpliwie doskonałym jedzeniem. Taka sytuacja stwarzałaby dla mnie pewnego rodzaju tortury, których Państwo, Amnesty International, nigdy byście sobie nie wybaczyli!

Ponadto, jako buddyjskiemu mnichowi wspomnianej tradycji, nie wolno mi posiadać ani otrzymywać pieniędzy w jakiejkolwiek formie. Pozostaję szczęśliwie poza granicą wszelkiego ubóstwa, którym psujemy wszelkie statystyki rządowe! Nie mam zatem żadnych środków, by zapłacić za kolację, której i tak nie wolno by mi było zjeść.

W dalszej części pragnę też wspomnieć o następnej kłopotliwej dla mnie, jako mnicha, kwestii – mianowicie odpowiedniego na taką okazję stroju. Wierzę, że wytłumaczyłem się wystarczająco. Przesyłam wyrazy ubolewania, że nie mogę uczestniczyć w kolacji.

Z poważaniem, szczęśliwy w ubóstwie,
Brahm

Kodeks ubioru mnicha

Mnisi mojej tradycji noszą brązowe sutanny i to jest wszystko, co mamy. Kilka lat temu musiałem pojechać na parę dni do pewnego szpitala w Australii. Na izbie przyjęć zapytano mnie, czy mam ze sobą piżamę. Odpowiedziałem, że mnisi nie noszą piżam; tylko sutanny albo nic! Więc pozwolili mi pozostać w mych szatach.

Problem tkwi w tym, że strój mnicha wygląda jak suknia.

Pewnego niedzielnego popołudnia, na przedmieściach Perth, ładowałem na naszą klasztorna ciężarówkę niezbędne rzeczy, potrzebne do prac budowlanych. Pewna trzynastoletnia Australijka wyszła z pobliskiego domu, by ze mną porozmawiać. Nigdy wcześniej nie widziała buddyjskiego mnicha. Stojąc przede mną podparta pod boki, mierzyła mnie wzrokiem z góry na dół z wymownym zadowoleniem. Potem zaczęła strofować mnie z obrzydzeniem w głosie:

– Jesteś ubrany jak dziewczyna! To chore! Fuj!

Jej groteskowa skrajność sprawiła, że nie mogłem powstrzymać się od śmiechu. Pamiętałem też swojego nauczyciela, Ajahna Chaha, radzącego swoim uczniom w jaki sposób mają reagować na wszelkie obelgi: „Jeśli ktokolwiek nazwie cię psem, nie złość się. Zamiast tego, popatrz na swój tyłek. Jeśli nie zobaczysz tam ogona, to znaczy, że nie jesteś psem. I po kłopocie".

Czasami dostaję komplementy za to, że noszę moje szaty publicznie. Jednakże, pewnego razu miałem z tego powodu ciarki na ciele.

Miałem coś do załatwienia w mieście. Mój kierowca, (mnichom nie wolno prowadzić samochodu) podjechał naszym klasztornym samochodem dostawczym na wielopoziomowy parking. Oświadczył, że musi iść do toalety, ale myśląc, że toalety na parkingu są brudne, wolał skorzystać z toalet w pobliskim kinie. Tak więc, gdy mój kierowca załatwiał w środku swoje sprawy fizjologiczne, ja czekałem na zewnątrz kina, stojąc w mojej mnisiej sukni na niezwykle uczęszczanej ulicy.

Podszedł do mnie pewien młody człowiek, uśmiechnął się przyjaźnie i zapytał mnie, czy mam czas. Mnisi, tacy jak ja, są bardzo prostolinijni. Większość swego życia spędziłem w klasztorze. A także, skoro mnisi w ogóle nie noszą zegarków, musiałem grzecznie przeprosić, że nie wiem, która godzina. Zmarszczył brwi i skierował się, by odejść.

Kiedy przeszedł zaledwie kilka kroków, złapałem, co miał na myśli. „Czy masz czas?" – to pewnie najstarszy sposób podrywu. Potem dowiedziałem się, że stałem sam na jednym z najbardziej „podrywowych" miejsc dla gejów w Perth.

Gej ten odwrócił się, by spojrzeć na mnie jeszcze raz i powiedział swoim uroczym, niczym Marilyn Monroe, głosikiem:

– Oooh! A tak pięknie wyglądasz w swojej sutannie!

Przyznam, że oblałem się potem. Właśnie w tym momencie, pojawił się mój kierowca, wychodząc z fuaje kina, by przyjść mi z pomocą. Od tamtej pory zawsze korzystaliśmy z toalet na parkingu.

Śmiejąc się z siebie samego

Jedną z najlepszych rad, jaką otrzymałem jako młody nauczyciel, uczący w szkole, głosi, że kiedy pomylisz się i twoja klasa zaczyna się śmiać, ty też śmiej się razem z nimi. Tym sposobem twoi uczniowie nigdy nie będą śmiali się z ciebie, lecz z tobą.

Wiele lat później, jako mnich nauczający w Perth, byłem zapraszany do szkół średnich, by poprowadzić lekcje o buddyzmie. Zachodnie nastolatki zawsze wystawiały mnie na próbę, starając się wprawić mnie w zakłopotanie. Kiedyś, gdy na koniec lekcji na temat kultury buddyjskiej, poprosiłem uczniów, by zadawali mi pytania. Pewna czternastolatka podniosła rękę go góry i zapytała:

– Czy w ogóle kręcą cię dziewczyny?

Na szczęście, inna dziewczynka w klasie przyszła mi na ratunek i zestrofowała koleżankę za to, że wprawia ich wszystkich w zakłopotanie. Natomiast ja tylko zaśmiałem się i uznałem ten incydent za ważny materiał na kolejną lekcję.

Następnym razem, gdy szedłem sobie główną ulicą w mieście, podeszło do mnie kilka uczennic.

– Witaj! – powiedziały w sposób niezwykle przyjazny – Czy pamiętasz nas? Nie tak dawno temu prowadziłeś wykład u nas w szkole.

– Bardzo mi schlebia, że mnie pamiętacie – odpowiedziałem.

– Nigdy cię nie zapomnimy – powiedziała jedna z dziewcząt – Jakbyśmy w ogóle mogły zapomnieć braciszka, któremu na imię „Staniczek*"!

Pies, który śmiał się ostatni

Mój pierwszy rok życia zakonnego w północno-wschodniej Tajlandii zbiegł się z ostatnim rokiem wojny w Wietnamie. Opodal zakonu Ajahna Chaha, w pobliżu stołecznego miasta prowincji Ubon, była amerykańska baza wojskowa. Ajahn Chah bardzo lubił opowiadać tę oto prawdziwą historię, która mówi jak radzić sobie ze zniewagą i wszelkimi nadużyciami.

Pewien wojskowy Amerykanin jechał motorową rikszą z bazy do miasta. Na rubieżach miasta zahaczyli o przydrożny bar, w którym było już kilku kolegów ryksiarza, nieźle wstawionych.

– Hej! – zawołali po tajsku. – Gdzie wleczesz tego trefnego psa? – śmiali się, wskazując na amerykańskiego żołnierza.

Przez chwilę, kierowca przestraszył się. Żołnierz był postawnym, wysokim mężczyzną, a obelga w postaci „trefny pies" oznaczała nieuniknioną bójkę. Niemniej

* z ang. „bra" to biustonosz, w oryg. zdrobnienie od „Brahm" (przyp. tłum.).

jednak, żołnierz spokojnie rozglądał się wokół, zachwycając się pięknym widokiem. Było pewne, że nie rozumiał tajskiego.

Kierowca, postanowiwszy zabawić się kosztem Amerykanina, odkrzyknął im:

– Zabieram tego wszawego psa, by wrzucić go do Moon River i w ten sposób zafundować śmierdzielowi kąpiel!

Gdy kierowca śmiał się wraz z kumplami, żołnierz pozostał nieporuszony.

Kiedy dotarli już do celu i ryksiarz wyciągnął rękę po zapłatę za kurs, amerykański żołnierz bez słowa odwrócił się na pięcie, by odejść.

Podniecony ryksiarz wykrzykiwał za nim łamaną, lecz wyraźną angielszczyzną:

– Hej! Sir! Pan mi nie zapłacił.

Na co wielki wzrostem Amerykanin odwrócił się spokojnie i rzekł perfekcyjnie po tajsku:

– Psy nie mają pieniędzy.

Zniewaga i oświecenie

Doświadczeni nauczyciele medytacji często mają do czynienia z uczniami twierdzącymi, że doznali oświecenia. Jednym z odwiecznych sposobów, by sprawdzić prawdziwość ich twierdzeń, jest znieważenie ucznia do tego stopnia, by wpadł w atak gniewu. Zgodnie z tym, o czym wiedzą wszystkie mniszki i mnisi buddyjscy, Budda wyraźnie powiedział, iż ten, kto wpada w gniew, z pewnością nie jest oświecony.

Młody mnich japoński, wytrwały w swych dążeniach do osiągnięcia nirwany w obecnym życiu, medytował samotnie w pustelni, położonej na zacisznej wysepce jeziora, niedaleko słynnego zakonu. Chciał doznać oświecenia zaraz na początku swojej drogi życiowej, by potem doświadczać innych rzeczy.

Kiedy zakonny mnich-sługa przybył wąska łódeczką z tygodniową dostawą, zobaczył, że młody mnich zostawił karteczkę, z prośbą o trochę wyjątkowo drogiego pergaminu, gęsie pióro i doskonalej jakości atrament. Wkrótce kończyło mu się trzyletnie odosobnienie i chciał powiadomić swojego przełożonego, jak wspaniale sobie z tym poradził.

Pergamin, gęsie pióro i atrament dostarczono w następnym tygodniu. Przez pierwszych kilka dni, po głębokiej medytacji i przemyśleniach, młody mnich napisał taki oto krótki wiersz, kunsztownie kaligrafując przy tym każde słowo:

Młodego sumiennego mnicha
Który w samotności medytował trzy lata
Nie będą w stanie poruszyć
Nawet cztery wiatry tego świata.

Zapewne myślał on, że jego mądry dojrzały wiekiem przełożony dostrzeże w tych słowach i w tym, jak zostały one napisane, że jego uczeń doznał już oświecenia. Delikatnie zwinął pergamin, ostrożnie przewiązał go wstążką i czekał na usługującego mnicha, by dostarczył go jego mistrzowi. W następnych dniach wyobrażał sobie, z jaką to przyjemnością opat czyta ów znakomity wiersz, tak kunsztownie zapisany. Widział, jak zawiesza go w drogich ramkach w głównym holu zakonnym. Niewątpliwie, będą teraz nalegać, by został opatem, być może nawet jakiegoś słynnego klasztoru w mieście. Jakaż ogarnęła go przyjemność, gdy w końcu tego dokonał!

Kiedy usługujący mnich następnym razem przecisnął się małą łódka na wysepkę, by dostarczyć tygodniowe zapasy, młody mnich na niego czekał. Usługujący mnich zaraz podał naszemu mnichowi pergamin, podobny, który był sam przesłał, ale przewiązany wstążką innego koloru.

– Od opata – powiedział krótko usługujący mnich.

Rozgorączkowany emocjami mnich rozerwał wstążkę i rozwinął rulon. Kiedy spojrzał na pergamin, zrobił wielkie oczy, a twarz pobladła mu, robiąc się biała jak ściana. Był to jego własny pergamin, ale obok pierwszego wykwitnie wykaligrafowanego wersu, opat dopisał niechlujnie, zwykłym czerwonym długopisem: „Pierdoły!". Na prawo od drugiej linijki, nagryzmolone było czerwonym długopisem: „Pierdoły!". Trzecia linijka miała także kolejny prześmiewczy przypisek „Pierdoły", naskrobany tuż nad nią, i to samo było z czwartym wersem.

Tego już było za wiele! Nie tylko ten niedołężny opat staruch był na tyle głupi, że nie potrafił dostrzec oświecenia, które miał tuż przed swoim tłustym nosem, ale także był na tyle grubiański i prostacki, że zniszczył jak zwykły wandal dzieło sztuki, bazgrając na nim obsceniczne słowa. Opat zachował się jak punkowiec, nie jak mnich. Była to obraza dla sztuki, tradycji i prawdy.

Młody mnich zmrużył oczy w oburzeniu, twarz poczerwieniała mu z uzasadnionej złości. Aż sapał, jak zwracał się do usługującego mnicha, nakazując mu:

– Zabierz mnie do opata! Natychmiast!

Wtedy to, po raz pierwszy od trzech lat, młody mnich opuścił swoją pustelnię na wyspie. Cały wściekły, wparował do biura opata, rzucił pergaminem o biurko i zażądał wyjaśnień.

Doświadczony opat powoli podniósł pergamin, odchrząknął i przeczytał wiersz:

Młodego sumiennego mnicha
Który w samotności medytował trzy lata
Nie będą w stanie poruszyć
Nawet cztery wiatry tego świata.

Potem odłożył pergamin, spojrzał na młodego mnicha i mówił dalej.

– Hm! A więc, młody mnichu, nie są już w stanie poruszyć cię nawet cztery wiatry tego świata. Ale cztery małe pierdółki potrafiły cię tu przywiać z samego środka jeziorka!

Kiedy doznałem oświecenia

Czwarty rok mojego życia zakonnego w Tajlandii upływał pod znakiem długich i restrykcyjnych praktyk w odległym leśnym klasztorze w północno-wschodniej części kraju. Późną nocą, w trakcie przeciągającej się w leśnej medytacji, mój umysł stał się wyjątkowo jasny. Głębokie refleksje, niczym kaskady leśnego wodospadu, przebiegały moje wnętrze. Bez trudu zaczynałem pojmować głębokie tajemnice, których nigdy przedtem nie rozumiałem. Wówczas przyszło to Jedyne Największe. ZOBACZYŁEM. To było to. Oświecenie.

Szczęśliwa rozkosz, jakiej wówczas doznałem, nie ma sobie równych. Nigdy wcześniej czegoś takiego nie doznałem. Była to niezwykła radość, ale jednocześnie była niezwykle spokojna. Medytowałem do bardzo późna, spałem niewiele i wstawałem na tyle wcześniej, by zacząć swoją medytację w holu klasztornym, grubo przed porannym dzwonem o trzeciej nad ranem. Zazwyczaj o trzeciej, w gorących i wilgotnych lasach Tajlandii, zmagałem się z szarzyzną i nieopartą sennością. Ale nie tego ranka. Z łatwością zmobilizowałem się, by natychmiast wstać, umysł miałem wyostrzony niczym skalpel i mogłem bez trudu skoncentrować się. Doznanie oświecenia było niezwykłe i wspaniałe. Szkoda, że trwało tak krótko.

W tamtych czasach, w północno-wschodniej Tajlandii jedzenie było paskudne. Przykładowo, kiedyś nasz jedyny dzienny posiłek składał się zaledwie z lepkiej kulki ryżu, a na niej była dodana ugotowana żaba średniej wielkości. Nie było żadnych warzyw, ani owoców, tylko żaba i ryż, i to miało wystarczyć na cały dzień. Zacząłem jeść od żabich udek, potem przeszedłem do jej wnętrzności. Siedzący obok mnich także wybierał to, co żaba miała w środku. Niestety, nacisnął na żabi pęcherz. Nadal był w nim mocz. Więc żaba obsiusiała mu cały ryż. Natychmiast przestał jeść.

Zazwyczaj naszym głównym posiłkiem było nieświeże rybne curry, a na dodatek robione z zepsutych ryb. Mała ryba, złapana w trakcie pory deszczowej, powinna być przechowywana w glinianych dzbankach i zużyta do końca roku. Kiedyś znalazłem taki dzban sprzątając naszą kuchnię klasztorną. Pełno było w nim pełzających robali, więc natychmiast chciałem go wyrzucić. Wódz wioski, najbardziej wykształcony i wychowany człowiek w okolicy, zobaczył mnie i powiedział, bym go nie wyrzucał.

– Ale w środku jest pełno robali – zaprotestowałem.

– Tym smaczniejsze! – odpowiedział i wziął ode mnie dzban.

Następnego dnia mieliśmy na nasz jedyny posiłek – curry z zepsutej ryby.

Jakże byłem zaskoczony, gdy dzień po moim oświeconym przebudzeniu, zobaczyłem na talerzu klejący ryż, polany dwoma rondelkami aromatycznego curry. Jedna była jak zwykle śmierdzącym rybnym sosem, natomiast druga wyraźnie pachniała wieprzowiną. Dzisiaj, pomyślałem, zjem dla odmiany dobry posiłek, by uczcić moje osiągnięcie.

Opat zasiadł do jedzenia tuż naprzeciwko mnie. Nabrał trzy porządne chochle wyśmienitego wieprzowego curry – łakomczuch jeden. Nadal bardzo dużo zostało dla mnie. Jednakże, zanim podał mi garnek z jedzeniem, zaczął przekładać moje smakowite wieprzowe curry do garnuszka ze śmierdzącym curry rybnym. Potem wszystko razem wymieszał, mówiąc:

– To i tak wszystko jedno.

Zatkało mnie. Gotowałem się w środku ze złości. Byłem rozsierdzony. Jeśli rzeczywiście myślał, że „to i tak wszystko jedno", to dlaczego najpierw wziął sobie trzy kopiate porcje wieprzowego curry, zanim wymieszał wszystko razem? Co za hipokryta! Co więcej, był miejscowym chłopakiem, który dorastał jedząc zepsute śmierdzące rybne curry, więc z pewnością je lubił. Pajac! Świnia! Oszust!

I wtedy mnie olśniło. Oświeceni nie przykładają wagi do jedzenia, ani też nie popadają w gniew i nie nazywają swego opata, nawet w myślach, świnią! Z pewnością byłem wściekły, a to oznaczało – o zgrozo! – że jednak nie doznałem prawdziwego oświecenia umysłu.

Ogień mojego gniewu natychmiast zelżał, zduszony nagłym przypływem przygnębienia. Grube, ciemne chmury przerażenia i konsternacji wtargnęły do mojego serca i zupełnie przyćmiły słońce mojego oświecenia. Przybity i przygnębiony, polałem sobie mój ryż dwiema chochelkami śmierdzącego rybnego curry. Nie zależało mi na tym, co wtedy jadłem; byłem zbyt zdołowany. Miałem i tak cały dzień zepsuty, gdy zrozumiałem, że to, czego doznałem, nie było wcale duchowym przebudzeniem...

Pirat drogowy, czyli: Uwaga „świnia na drodze"

Àpropos świń, nasunęło mi się takie oto skojarzenie, mianowicie pewien zamożny lekarz kupił sobie właśnie bardzo drogi i mocny samochód sportowy. Nie ma co do tego wątpliwości, że nie wydaje się mnóstwa pieniędzy na super mocny samochód tylko po to, by ślimaczyć się nim w miejskich korkach. Pewnego słonecznego dnia wyjechał za miasto, udając się w okolice przeuroczych terenów wiejskich. Gdy przejechał już przez strefę radarów drogowych, monitorujących prędkości samochodów, wcisnął gaz do dechy i poczuł, jak jego bryka gwałtownie przyspiesza. Uśmiechnięty doktor rozkoszował się super szybką jazdą, prowadząc wypieszczone autko, śmigające wiejską drogą z ryczącym na wysokich obrotach silnikiem.

Natomiast wcale nie było to już takie zabawne dla smaganego wiatrem wieśniaka, który oparł się o bramkę do wybiegu dla koni. Wydzierając się ze wszystkich sił, próbując przekrzyczeć ryk sportowego samochodu, wrzasnął:

– Świnia!

Lekarz wiedział doskonale, że zachowuje się z premedytacją, zupełnie nie dbając o to, że burzy spokój otoczenia, ale pomyślał sobie: „A niech to wszyscy diabli! Mam prawo się zabawić".

Tak więc odwrócił się i krzyknął do rolnika:

– Kogo nazywasz świnią?

W ciągu tych paru sekund, jak odwrócił wzrok od drogi, jego samochód najechał na świnię, stojącą tam na samym środku!

Jego nowiuteńki samochód w moment zamienił się w kompletny wrak. A co do *świni*, to przeleżał on długie tygodnie w szpitalu i stracił mnóstwo pieniędzy, a także samochód.

Hare Kryszna

W poprzedniej historii ego doktora spowodowało, że źle ocenił ostrzeżenie życzliwego mu chłopa. W historii, którą zamierzam teraz opowiedzieć, moje ego mnicha spowodowało, że źle oceniłem inną życzliwą osobę, z wielką szkodą dla mnie.

Kończyłem wizytę u mojej matki w Londynie. Odprowadzała mnie na stację kolejową przy Ealing Broadway, by pomóc mi kupić bilet. W drodze na stację, na niezwykle uczęszczanej arterii Ealing High Street, usłyszałem jak ktoś woła: „Hare Kryszna! Hare Kryszna!".

Gdy widziano tak ogolonego mnicha ubranego w brązową sutannę, często mylono mnie z wyznawcą ruchu Hare Kryszna. W Australii wiele razy jakieś żule wyśmiewały się ze mnie, zazwyczaj z bezpieczniej odległości, wydzierając się „Hare Kryszna! Hej! Hare Kryszna!", szydząc przy tym z mojego wyglądu. Szybko dostrzegłem gościa krzyczącego „Hare Kryszna!" i zdecydowałem się na stanowczy krok, każąc mu odpowiedzieć za publiczne nadużycie dóbr osobistych skromnego buddyjskiego mnicha.

Moja mama stała tuż za moimi plecami, a ja tymi oto słowami zwróciłem się do młodego mężczyzny w dżinsach, kurtce i w czapeczce:

– Słuchaj przyjacielu! Jestem buddyjskim mnichem, nie wyznawcą „Hare Kryszna". Powinieneś wiedzieć więcej i to nie dlatego, że krzyknąłeś na mnie „Hare Kryszna"!

Młody człowiek roześmiał się i ściągnął swoją czapeczkę, odsłaniając długi koński ogon z tyłu ogolonej na łyso głowy.

– Tak, wiem! – powiedział. – Jesteś buddyjskim mnichem. Ja jestem zwolennikiem Hare Kryszna. „Hare Kryszna! Hare Kryszna!".

Wcale przy tym ze mnie nie szydził, po prostu śpiewał swoje „Hare Kryszna". Byłem potwornie zmieszany. Dlaczego takie właśnie rzeczy zdarzają się zawsze i wyłącznie wtedy gdy jest przy tobie matka?

Młotek

Wszyscy od czasu do czasu popełniamy błędy. Życie uczy nas, by te błędy zdarzały się coraz rzadziej. By wcielić w życie ten cel, w naszym klasztorze kierujemy się polityką, dopuszczającą mnichom popełniać błędy. Kiedy mnisi nie obawiają się, że popełnią błąd, nie popełniają ich aż nazbyt wiele.

Spacerując pewnego dnia po terenie klasztornym, natknąłem się na młotek, pozostawiony w trawie. Musiał przeleżeć tam już dość długo, bo zjadała go rdza. Bardzo rozczarowało mnie niedbalstwo moich współmnichów. Wszelkie rzeczy, których używamy w klasztorze, począwszy od naszych sutann do narzędzi i sprzętów, to darowizny od naszych ciężko pracujących ofiarodawców. Biedny, lecz wspaniałomyślny świecki buddysta mógł nawet oszczędzać całe tygodnie, by kupić nam ten młotek. To nie w porządku, by w tak niefrasobliwy sposób obchodzić się z podarunkami. Dlatego też zwołałem mnichów na zebranie.

Mówią mi, że zazwyczaj jestem łagodny jak baranek, ale tamtego wieczora byłem ostry jak tajska papryczka chili. Dałem moim mnichom niezłą reprymendę. Należała im się nauczka, by wiedzieli, jak dbać o tę garstkę rzeczy, będących naszą wspólną własnością. Kiedy skończyłem tyradę, wszyscy mnisi siedzieli prościutko, cichutko i z pobladłymi twarzami. Przeczekałem chwileczkę, spodziewając się, że winowajca przyzna się, ale nikt z mnichów tego nie uczynił. Wszyscy siedzieli prościutko, cichutko i tylko czekali.

Gdy wstałem, żeby opuścić hol, poczułem się wielce rozczarowany moimi towarzyszami. Miałem do końca nadzieję, że ostatecznie jakiś mnich okaże na tyle odwagi, by przyznać się i przeprosić. Być może zbeształem ich zbyt ostro?

Kiedy zmierzałem do wyjścia, nagle uświadomiłem sobie, dlaczego nikt się nie przyznał. Odwróciłem się i skierowałem z powrotem do holu.

– Mnisi – oznajmiłem – znaleźliśmy tego, kto zostawił w trawie młotek. To byłem ja!

Na śmierć zapomniałem, że to ja pracowałem w ogrodzie i w pospiechu nie zdążyłem odłożyć młotka na miejsce. Nawet w trakcie mojego płomiennego wykładu, zawiodła mnie pamięć. Dopiero, gdy nakrzyczałem na wszystkich mnichów, wszystko sobie przypomniałem, i to z podwójną siłą. To ja byłem tym, kto to zrobił. Oh! To było żenujące!

Na szczęście, w moim klasztorze każdy z nas ma prawo do błędu, nawet opat.

Baw się i żartuj, ale nie wyśmiewaj innych

Kiedy porzucisz swoje ego, wówczas nikt nie jest w stanie zadrwić z ciebie. Jeśli ktoś nazwie cię głupcem, to jedyną przyczyną twojego zdenerwowania może być to, że uwierzysz, iż ta osoba ma rację!

Kiedy kilka lat temu jechałem z kierowcą drogą szybkiego ruchu przez Perth, zauważyli mnie jacyś młodzi mężczyźni jadący w starym samochodzie i zaczęli wrzeszczeć przez otwartą szybę:

– Hej! Łysol! Ei! Skinhead!

Kiedy próbowali mnie wyprzedzić, opuściłem moją szybę i odkrzyknąłem: „Obetnijcie włosy! Banda dziewuch!". Być może nie powinienem był tego robić. Po prostu zachęciłem młodych mężczyzn.

Młodzi chuligani zrównali się z moim samochodem, jadąc równolegle autem, wyciągnęli jakieś czasopismo i robiąc głupie miny, zaczęli żywo gestykulować, chcąc sprowokować mnie, bym spojrzał na zamieszczone w magazynie zdjęcia. Był to egzemplarz *Playboya.*

Zaśmiałem się z ich niewyszukanego poczucia humoru. Pewnie zachowałbym się tak samo, będąc w ich wieku, razem ze swoimi kumplami. Gdy ujrzeli, że się śmieję, szybko odjechali. Reakcja – śmiech na obrazę – była lepszym wyjściem, niż okazywanie pruderyjnego zmieszania.

A czy spojrzałem na zdjęcia z *Playboya?* Oczywiście, że nie, jestem dobrze prowadzącym się mnichem, zachowującym celibat. A zatem skąd wiedziałem, że był to egzemplarz *Playboya?* Powiedział mi to mój kierowca. Przynajmniej, takiej wymówki się trzymam.

Głupiec

Ktoś nazywa cię głupcem. I wtedy zaczynasz myśleć: „Jak on mógł mnie nazwać głupcem? Nie ma prawa, by nazywać mnie głupcem! Jakież to chamskie, by nazywać mnie głupcem. Odpowiedzą mi za to, że nazwali mnie głupcem”. I nagle uświadamiasz sobie, że pozwoliłeś nazwać się głupcem następne cztery razy z rzędu.

Zawsze, gdy pamiętasz, co oni powiedzieli, pozwalasz, by nazywali cię głupcem. W tym tkwi problem.

Jeśli ktoś nazywa cię głupcem, a ty momentalnie puszczasz to mimo uszu, wówczas nie obchodzi cię to. Na tym właśnie polega rozwiązanie.

Dlaczego pozwalasz innym ludziom, by kontrolowali twoje wewnętrzne szczęście?

Cierpienie i uwalnianie

Co może zdziałać zwykłe pranie

Obecnie ludzie zbytnio zaprzątają sobie głowę różnymi myślami. Gdyby tylko mogli w jakiś sposób uciszyć swój proces myślenia, życie od razu stałoby się dla nich łatwiejsze.

W naszym klasztorze w Tajlandii mnisi raz w tygodniu zamiast spać, poświęcali jedną noc wspólnej medytacji w głównym holu klasztornym. Stanowiło to część kanonu naszej leśnej tradycji. Nie należy dopatrywać się w tym żadnej ascezy, jako że już następnego ranka mogliśmy spokojnie uciąć sobie drzemkę.

Pewnego ranka, po całonocnej sesji medytacyjnej, tuż przed rozejściem się do naszych chatek, by odespać noc, opat przywołał świeżo upieczonego, młodego mnicha, rodowitego Australijczyka. Ku niezadowoleniu mnicha, opat dał do wyprania wielką stertę sutann, nakazując, by natychmiast zabrał się do roboty. Nasza tradycja nakazywała nam dbanie o opata, między innymi pranie jego sutann i wykonywanie za niego i dla niego wiele pomniejszych codziennych czynności i prac.

Ale to była wyjątkowo duża sterta prania. Co więcej, wszystko należało wyprać zgodnie z obowiązującą u nas buddyjską tradycją leśną. Wodę należało nabrać ze studni, rozpalić wielkie ognisko i zagotować na nim wodę. Do gotującej wody trzeba było dodać wióry z polana drzewa bochenkowego, które uwalniały w ten sposób swoje soki, służące za „detergent". Oczywiście używano do tego celu naszej zakonnej maczety. Następnie każdą sutannę osobno należało włożyć do długiego drewnianego koryta, polewać ją brązową, wrzącą wodą i uderzać w sutannę, aż była zupełnie czysta. Następnie mnich rozwieszał ją na słońcu, by wyschła, przewracając od czasu do czasu, by nie wyblakł kolor. Pranie jednej sutanny pochłaniało wiele czasu i stanowiło dość mozolne zajęcie. By wyprać tak dużą ilość sutann, potrzeba było wielu godzin. Młody mnich czuł się zmęczony po nieprzespanej nocy. Zrobiło mi się go żal.

Poszedłem do naszej pralni-szałasu, by mu pomóc. Kiedy tam dotarłem, przeklinał jak szewc, ale bardziej w tradycji Brisbane, niż w naszej buddyjskiej. Uskarżał się, jak było to nie w porządku i okrutne.

– Czy opat nie mógł poczekać z tym do jutra? Czy nie zdawał sobie sprawy z tego, że ja nie spałem całą noc? Nie po to zostałem mnichem! – niedokładnie tak brzmiały jego słowa, ale jedynie to nadaje się do druku.

Kiedy się to działo, ja byłem już mnichem od wielu lat. Rozumiałem, co przeżywał i znałem rozwiązanie dla jego problemu. Rzekłem do niego:

– O wiele trudniej myśleć o tym, niż to wykonać.

Zamarł i spojrzał na mnie. Po kilku chwilach kompletnej ciszy, spokojnie wrócił do pracy, a ja poszedłem się wyspać. Pod koniec dnia, przyszedł do mnie, by mi podziękować za pomoc w praniu. Naprawdę się przekonał, że samo myślenie o praniu stanowiło najtrudniejszą część zadania. Kiedy przestał narzekać i po prostu zabrał się do prania, nie było już żadnego problemu.

Ciężko nam w życiu nad czymś myśleć, najlepiej od razu zabrać się do roboty.

Poruszające doświadczenie

Doświadczyłem cennej nauczki, związanej z – cytuję: „ciężko nam w życiu nad czymś myśleć, najlepiej od razu zabrać się do roboty" – w trakcie pierwszych lat mojego zakonnego życia w północno-wschodniej Tajlandii. Ajahn Chah budował właśnie swój klasztorny hol, przeznaczony na wszelkie uroczystości i wielu mnichów, takich jak ja, pomagało mu w tej pracy. Ajahn Chah zwykł nas sprawdzać, mówiąc, że prawdziwy mnich może przez cały dzień bardzo ciężko pracować dla byle jednej czy dwóch Pepsi, co i tak jest o wiele tańsze, niż wynajęcie robotników z miasta. Zwykle w takiej sytuacji myślałem, by założyć związek zawodowy mnichów.

Hol przeznaczony na uroczystości i ceremonie budowano na wzgórku, usypanym przez mnichów. Pozostało całe mnóstwo ziemi po kopcu. Tak więc Ajahn Chah zwołał nas, mnichów, wszystkich razem i kazał nam, by tę resztę ziemi przenieść jeszcze raz z powrotem. Przez następne trzy dni, pracując od 10 rano do późnego wieczora, jak już się zupełnie ściemniło, przekopywaliśmy i przewoziliśmy na taczkach tę górę ziemi dokładnie w miejsce, gdzie wskazał nam Ajahn Chah. Byłem szczęśliwy, gdy zobaczyłem, że wszystko jest już gotowe.

Następnego dnia Ajahn Chah wyjechał na kilka dni do innego klasztoru. Zaraz potem, zastępca opata zawołał nas wszystkich razem i powiedział, że ziemia nie jest na właściwym miejscu i należy ją przenieść. Wściekłem się, ale próbowałem tłumić moją wewnętrzną gorycz, pracując w pocie czoła jak wszyscy przez następne trzy dni, i to w tropikalnym upale.

Zaraz jak skończyliśmy przenosić stertę ziemi po raz drugi, wrócił Ajahn Chah. Zebrał nas mnichów razem i powiedział:

– Dlaczego przenieśliście ziemię w tamto miejsce? Powiedziałem wam, że ma być dokładnie gdzie indziej. Przenieście ją tam z powrotem!

Byłem zły. Byłem wściekły. Wychodziłem z siebie. „Czy ci starsi mnisi nie mogą najpierw zdecydować razem? Buddyzm uważa się za zorganizowaną i uporządkowaną religię, ale tu w klasztorze panuje taki bałagan, że nawet nie potrafi się ustalić, gdzie przesypać trochę ziemi. Nie mogą mi tego zrobić!"

Wisiały nade mną następne trzy dni ciężkiej pracy. Gdy pchałem taczki, kląłem pod nosem po angielsku, by tajscy mnisi nie mogli mnie zrozumieć. To już przekraczało wszelkie granice. Kiedy zamierza się to skończyć?

Zaczynałem mieć wrażenie, że im bardziej jestem zły, tym cięższe stają się taczki. Jeden z moich mnichów kompanów zauważył, jak gderam coś pod nosem, podszedł do mnie i powiedział:

– Twój kłopot polega na tym, że za dużo myślisz!

Nie mógł trafić lepiej. Jak tylko przestałem narzekać i utyskiwać, taczki stały się o wiele lżejsze. Wyciągnąłem nauczkę. Myślenie o tym, że czeka mnie przenoszenie ziemi, było najtrudniejszym etapem; samo jej przenoszenie okazało się łatwe.

Do dzisiaj podejrzewam, że Ajahn Chah i jego zastępca doskonale to od samego początku zaplanowali.

Biedaczysko ze mnie, oni to szczęściarze

Życie młodego mnicha w Tajlandii wydawało się niesprawiedliwe. Starsi stażem mnisi otrzymywali najlepsze jedzenie, siadywali na mięciuteńkich poduszkach i nigdy nie musieli pchać taczek. A mój posiłek, jeden jedyny posiłek za cały dzień, smakował ohydnie W czasie uroczystości i ceremoniałów, musiałem godzinami siedzieć na gołej podłodze (która także była chropowata, ponieważ nie mogliśmy liczyć na wieśniaków, by zrobili betonową wylewkę), i czasami musiałem bardzo ciężko pracować. O, ja biedaczysko, oni to szczęściarze.

Spędzałem długie, niezbyt miłe godziny, próbując tak usprawiedliwić przed sobą moje narzekania. Starsi stażem mnisi przypuszczalnie byli już na tyle oświeceni, że szkoda im było podawać znakomite jedzenie, więc powinienem je dostać ja. Starsi stażem mnisi całe lata siedzieli po turecku na twardej podłodze, więc pewnie do tego przywykli, stąd dla mnie powinny być te wielkie, najbardziej mięciutkie poduszki. Co więcej, mnisi starsi stażem, wszyscy jak jeden i tak byli grubasami, bo jedli najsmaczniejsze kąski, stąd mieli „naturalną tapicerkę" na swoich pośladkach. Starsi stażem mnisi mówili nam młodym, byśmy pracowali, sami przy tym nie kalali się żadną pracą, a zatem, jak mogli docenić, jak bardzo męczącym i wyczerpującym zajęciem było pchanie taczek? Wszystkie projekty były przecież ich pomysłami, więc oni powinni je wykonywać! O, ja biedaczysko; oni to szczęściarze!

Kiedy byłem już mnichem seniorem, jadłem najlepsze jedzenie, siedziałem na mięciutkiej poduszeczce i niewiele pracowałem fizycznie. Niemniej jednak, złapałem się na tym, że zazdroszczę młodym mnichom. Nie musieli wygłaszać tych wszystkich publicznych przemówień i wykładów, całymi dniami wysłuchiwać kłopotów innych ludzi i spędzać godzin na papierkowej robocie. Nie mieli żadnej odpowiedzialności, za to wiele czasu dla siebie. Złapałem się na tym, jak mówię:

– O, ja biedaczysko; oni to szczęściarze.

Wkrótce zrozumiałem, o co chodzi. Młodsi mnisi mieli „swoje cierpienia". Mnisi starsi stażem też mieli „swoje cierpienia". Kiedy zostałem starszym mnichem, po prostu zamieniałem jedne cierpienia na drugie.

Identycznie jest z samotnymi osobami, które zazdroszczą tym, co żyją w związku małżeńskim i odwrotnie – z małżonkami, którzy zazdroszczą singlom. Jak to już powinniśmy wszyscy wiedzieć, kiedy wstępujemy w związek małżeński, zamieniamy tylko „cierpienia singla" na „cierpienia małżonka". A kiedy rozwiedziemy się, zamieniamy tylko „cierpienia małżonka" na „cierpienia singla". O, ja biedaczysko; oni to szczęściarze.

Kiedy jesteśmy biedni, zazdrościmy tym, co są bogaci. Niemniej jednak ci, co są bogaci, zazdroszczą biednym szczerych przyjaźni i możliwości uwolnienia się od odpowiedzialności za tych, co są biedni. Kiedy stajemy się bogaci, zamieniamy tylko „cierpienia biednego" na „cierpienia bogatego". Przejście na emeryturę i liczenie się z każdym groszem jest zaledwie zmianą „cierpienia bogatego" na „cierpienia biednego". I tak dalej. O, ja biedaczysko; oni to szczęściarze.

Gdy wydaje ci się, że poczujesz się szczęśliwy, stając się kimś innym, to czysta iluzja. Fakt, że stajesz się kimś innym jedynie zmienia jedną formę cierpienia na drugą formę cierpienia. Ale jeśli czujesz się zadowolony z tego, kim jesteś, młodym, starszym, mężem, żoną czy singlem, bogatym lub biednym, wówczas uwalniasz się od cierpienia. Ale ze mnie szczęściarz, wy biedaczyska!

Rada, gdy dopadnie cię choroba

W trakcie drugiego roku mojego zakonnego życia w północno-wschodniej Tajlandii, złapałem dur zaroślowy. Miałem tak wysoką gorączkę, że przyjęto mnie do lokalnego szpitala w Ubon, na specjalny oddział dla mnichów. W tamtych czasach, a były to lata siedemdziesiąte dwudziestego wieku, Ubon był odległą prowincją bardzo biednego kraju. Leżąc w szpitalu, bardzo słaby i obolały, z przeciekającą kroplówką zauważyłem, że pielęgniarz zakończył swoją zmianę o szóstej wieczorem. Pół godziny później, kiedy nie przyszła jeszcze następna zmiana, zapytałem leżącego obok mnicha, czy mogę powiadomić kogoś z przełożonych, że nikt z nocnej zmiany jeszcze nie przyszedł. Padła natychmiastowa odpowiedź, z której dowiedziałem się, że na oddziale dla mnichów nigdy nie ma nocnego pielęgniarza. Jeśli w ciągu nocy ci się pogorszy, jest to kwestią nieszczęśliwej karmy. Jakby samej choroby było za mało; teraz to już naprawdę byłem dodatkowo przerażony!

Przez następne cztery tygodnie, każdego ranka i popołudnia, pielęgniarz niczym bawół indyjski, dziurawił mi pośladki zastrzykami z antybiotyków. Był to biedny szpital państwowy w zacofanym regionie jakiegoś kraju, należącego do trzeciego świata, więc używano tych samych igieł wielokrotnie, co dopuszczane było nawet w Bangkoku. Ten barczysty pielęgniarz, dosłownie, z niemałą siłą dźgał igłą, by mogła ona wejść odpowiednio głęboko w ciało. Oczekiwano od mnichów, że są wytrzymali, ale moje pośladki nie były: zaczęły strasznie boleć. Znienawidziłem wówczas tego pielęgniarza.

Cały byłem obolały, słaby i nigdy w życiu nie czułem się tak fatalnie. Wówczas, pewnego popołudnia, przyszedł na oddział dla mnichów Ajahn Chah, by mnie odwiedzić. By odwiedzić mnie! Czułem się taki zaszczycony, byłem cały pod wrażeniem. Podniosło mnie to na duchu. Czułem się świetnie – aż do momentu, gdy Ajahn Chah otworzył usta. To, co powiedział, mówił każdemu choremu mnichowi, którego odwiedzał w szpitalu, o czym się potem dowiedziałem.

Powiedział do mnie:

– Albo wyzdrowiejesz, albo umrzesz.

I poszedł sobie.

Moja euforia opadła. Moja radość znikła wraz z wizytą. A najgorsze jest to, że nie możesz obwiniać za to Ajahna Chaha. Jego słowa zawierały absolutną prawdę. Albo wyzdrowieję, albo umrę. O dziwo, było to niezwykle krzepiące i dodało mi otuchy. Zaraz potem zamiast umrzeć, wyzdrowiałem. Oto jakim wielkim nauczycielem był Ajahn Chah.

Co jest złego w chorowaniu?

Podczas moich wykładów często proszę publiczność o podniesienie ręki, jeśli ktoś kiedykolwiek był chory? Prawie wszyscy podnoszą rękę. (Ci, którzy nie podnoszą, to albo musieli się zdrzemnąć, albo prawdopodobnie udali się do świata swych erotycznych fantazji!) Dowodzi to tego, śmiem usilnie twierdzić, że choroba jest czymś zupełnie normalnym. Prawdę mówiąc, musiałbym być wyjątkowo niezwykłym człowiekiem, gdybym od czasu do czasu nie zachorował. Więc dlaczego, pytam, gdy jesteś u lekarza, mówisz: „Coś ze mną źle, doktorze"? Byłoby natomiast źle, gdybyś czasami nie zachorował. A zatem, rozsądna osoba ujęłaby to inaczej, w taki sposób: „Coś dobrze ze mną, doktorze. Znowu zachorowałem!".

Zawsze, kiedy postrzegasz chorobę jako coś złego, narażasz się na dodatkowy stres, a nawet winę, tym samym dolewając jeszcze oliwy do ognia. Samule Butler, w dziewiętnastowiecznej powieści *Erehwon*, miał wizję społeczeństwa, w którym chorobę uważano za przestępstwo, a chorych wtrącano do więzienia. W pewnym znamiennym fragmencie powieści mamy oskarżonego mężczyznę na ławie oskarżonych, kichającego i pociągającego nosem, którego sędzia uznał za recydywistę. Nie było to już po raz pierwszy, jak delikwent pojawił się przeziębiony przed sądem. Co więcej, wszystko to było jego winą, gdyż jadł „śmieciowe" jedzenie, nie miał wystarczająco dużo zdrowego ruchu i żył w nieustannym stresie. Skazano go na karę kilkunastu lat więzienia.

Ilu z nas jest pociąganych do odpowiedzialności i winy, kiedy jesteśmy chorzy?

Jeden mój mnich-towarzysz chorował przez kilka lat na nieznaną chorobę. Całymi dniami, całymi tygodniami leżał w łóżku i był na tyle słaby, że nie mógł nawet wyjść ze swego pokoju. Klasztor robił wszystko i nie żałował pieniędzy, by spróbować wszelkich terapii, czy to medycyny konwencjonalnej, bądź niekonwencjonalnej, byle tylko mu pomóc, ale nic nie działało. Gdy tylko wydawało mu się, że już czuje się lepiej, wychodził na króciutki spacer, a potem od nowa całe tygodnie spędzał w łóżku. Kilkakrotnie już wydawało się, że umrze.

Kiedyś, pewien mądry opat klasztoru podszedł do problemu inaczej, kierując się intuicją. Odwiedził chorego mnicha w jego pokoju. Przykuty do łóżka mnich spojrzał na opata z wyrazem totalnego zwątpienia.

– Przyszedłem tu – rzekł opat – w imieniu wszystkich mnichów i mniszek naszego klasztoru, a także w imieniu wszystkich naszych świeckich przyjaciół. W imieniu wszystkich, którzy cię kochają i którym na tobie zależy, daję ci pozwolenie na śmierć – możesz spokojnie umrzeć. Nie musisz wyzdrowieć.

Chory mnich słysząc te słowa, zaszlochał. Tak bardzo starał się, by wyzdrowieć. Jego przyjaciele narobili sobie tyle kłopotu, by mu pomóc uleczyć jego chore ciało, iż nie mógł sobie darować, że ich zawiódł. Czuł taką porażkę, taką winę za to, że nie wyzdrowiał. Słysząc słowa opata poczuł, że teraz może swobodnie chorować, a nawet umrzeć. Nie musi już dłużej tak bardzo się starać, by zadowolić swoich przyjaciół i znajomych. Poczuł taką przemożną ulgę, że się rozpłakał.

Jak myślisz, co się potem wydarzyło? Od następnego dnia, zaczął dochodzić do siebie.

Z wizytą u chorego

Jak wielu z nas, odwiedzając ukochanego w szpitalu, pyta go: „Jak się dzisiaj czujesz?".

Już od samego początku takie dyrdymały! To jest oczywiste, że czują się fatalnie, w przeciwnym wypadku nie leżeliby w szpitalu, czyż nie tak? A ponadto, takie wyświechtane powitanie powoduje u pacjenta głęboki stres psychiczny. Pacjentowi wydaje się, że gdyby powiedział prawdę swoim odwiedzającym, jak faktycznie okropnie się czuje, byłoby to z jego strony aktem okrucieństwa. Jakże mógłby pozwolić sobie rozczarować kogoś, kto poświecił tyle czasu i zrobił sobie tyle zachodu, by go odwiedzić w szpitalu, mówiąc prosto z mostu, że czuje się tak paskudnie, jakby przejechał po nim walec? Zamiast tego taki pacjent czuje wewnętrzny imperatyw, by skłamać i mówi: „Mam wrażenie, że dzisiaj czuję się trochę lepiej", jednocześnie winiąc się w duchu, że nie wystarczająco się stara, by rzeczywiście wydobrzeć. Niestety, zbyt wielu gości odwiedzających w szpitalu sprawia, że pacjenci czują się jeszcze bardziej chorzy!

Pewna australijska mniszka z zakonu o tradycji buddyzmu tybetańskiego, umierała na raka w hospicjum w Perth. Znałem ją wiele lat i odwiedzałem ją często. Pewnego dnia zadzwoniła do mnie do klasztoru prosząc, bym przyszedł do niej tego właśnie dnia, gdyż czuje, że jej czas nadchodzi. Natychmiast rzuciłem wszystko i znalazłem kogoś, kto odwiózłby mnie do jej hospicjum w Perth, oddalonego o siedemdziesiąt kilometrów drogi. Kiedy zameldowałem się w recepcji hospicjum, pewna apodyktyczna siostra powiedziała mi, że mniszka tradycji buddyzmu tybetańskiego kategorycznie zabroniła, by ktokolwiek ją odwiedzał.

– Ale ja przybyłem z tak daleka specjalnie po to, by ją odwiedzić – powiedziałem uprzejmie.

– Przykro mi – warknęła siostra – nie chce żadnych odwiedzin i wszyscy musimy to uszanować.

– Ale to nie tak – zaprotestowałem. – Zadzwoniła do mnie zaledwie półtorej godziny temu i poprosiła, żebym przyjechał.

Siostra przełożona przyjrzała mi się dobrze i poprosiła, bym za nią poszedł. Zatrzymaliśmy się naprzeciwko pokoju australijskiej mniszki, gdzie siostra wskazała na wielki napis, przylepiony na zamkniętych drzwiach.

ŻADNYCH ODWIEDZIN!

– Zobacz! – powiedziała siostra.

Gdy przyjrzałem się napisowi, dostrzegłem jeszcze inne słowa, napisane małymi literkami poniżej: „...z wyjątkiem Ajahna Brahma".

Tym sposobem wszedłem.

Gdy zapytałem mniszkę zakonną, dlaczego napisała tak na drzwiach, czyniąc ten specjalny wyjątek, to wytłumaczyła, że kiedy przychodzili odwiedzać ją inni przyjaciele i krewni, robili się tacy smutni i załamani, widząc ją umierającą, że ona czuła się jeszcze gorzej.

– Wystarczy i tak tego zła, że umiera się na raka – powiedziała – a do tego jeszcze dochodziły emocjonalne problemy moich odwiedzających, z którymi musiałam sobie radzić.

Powiedziała dalej, że byłem jedynym przyjacielem, który traktował ją jak żyjącą osobę, nie jak kogoś umierającego. Któż nie zmartwiłby się, widząc ją wychudzoną i wyniszczoną, a mimo to potrafił żartować i doprowadzać ją tym do śmiechu. Tak więc ja, przez następną godzinę, opowiadałem jej zabawne historie i żarty, a ona uczyła mnie, jak pomóc przyjacielowi na łożu śmierci. Nauczyłem się od niej, że kiedy odwiedzasz kogoś w szpitalu, rozmawiaj z nim jak z normalną osoba, a pielęgniarkom i lekarzom zostaw, by rozmawiali z nim jak z chorym.

Ona umarła niespełna dwa dni po mojej wizycie.

Jaśniejsza strona śmierci

Jako mnich buddyjski często mam do czynienia ze śmiercią. Prowadzenie uroczystości pogrzebowych w tradycji buddyjskiej to część mojej pracy. W związku z tym, poznałem od strony prywatnej wielu właścicieli zakładów pogrzebowych w Perth. Śmiem twierdzić, że skoro praca wymaga od nich uszanowania powagi sytuacji, prywatnie mają niesamowite poczucie humoru.

Pewien kierownik zakładu pogrzebowego opowiedział mi o cmentarzu w Południowej Australii, usytuowanym w niecce o podłożu gliniastym. Jak mi powiedział, byli kilkakrotnie świadkami, jak zaraz po opuszczeniu trumny do grobu, zaczynał lać potężny deszcz i woda napływała do niecki. Gdy ksiądz odmawiał modlitwę, trumna powoli wypływała na oczach wszystkich!

Był wówczas w Perth pewien pastor, który zaraz po rozpoczęciu ceremonii, zupełnie bezwiednie, opierał się o przyciski na pulpicie. Nagle, w samym środku jego czytania, zza kotary zaczęła wyjeżdżać trumna, odcinając mu mikrofon, a w kaplicy rozbrzmiewał echem wojskowy hejnał! Nic nie pomogło, że zmarły był pacyfistą.

Jeden wyjątkowy kierownik zakładu pogrzebowego miał w zwyczaju opowiadać mi kawały, gdy szliśmy przed karawanem, na czele konduktu pogrzebowego, zmierzając w kierunku odpowiedniego grobowca. Puentując każdy dowcip, a wszystkie były niesamowicie śmieszne, dawał mi łokciem kuksańca w żebra i starał się mnie rozśmieszyć. Wszystko po to, bym parsknął głośno śmiechem. I tak, jak dochodziliśmy do miejsca ceremonii, musiałem strofować go bardzo stanowczo, by przestał się tak nagannie zachowywać, abym ja zdołał przybrać wyraz twarzy odpowiedni do powagi chwili. To tylko zachęcało go do opowiedzenia następnego dowcipu, świntuch!

Z czasem, nauczyłem się umilać atmosferę w trakcie moich buddyjskich pogrzebów. Kilka lat temu, zebrałem się na odwagę i po raz pierwszy opowiedziałem dowcip na pogrzebie. Zaraz, jak zacząłem, kierownik zakładu pogrzebowego, stojący tuż za żałobnikami, zorientował się co planuję i zrobił do mnie minę, rozpaczliwie próbując mnie powstrzymać. Nie uchodzi przecież opowiadać kawałów na pogrzebie. Ale ja byłem zdecydowany. Kierownik zakładu pogrzebowego – zbladł jak niejeden z jego nieboszczyków. Na końcu kawału, cała kaplica wybuchła śmiechem, a na skamieniałej dotąd twarzy kierownika pojawił się wyraz kojącej ulgi. Potem cała rodzina i przyjaciele gratulowali mi. Powiedzieli mi, jak bardzo rozbawiłby zmarłego ten dowcip i jak bardzo byłby zadowolony, że jego ukochani żegnają go z uśmiechem. Obecnie często powtarzam ten dowcip na pogrzebach. A dlaczego nie? Czy chciałbyś, by twoi krewni i znajomi usłyszeli, jak opowiadam dowcip na twoim pogrzebie? Zawsze, gdy zadaję to pytanie, odpowiedź brzmi:

– Tak!

A więc, co to był za dowcip.

Starsze małżeństwo żyło już ze sobą kilkadziesiąt dobrych lat gdy jedno z nich umarło, zaś drugie kilka dni później. I tak w niebie pojawili się razem. Cudowny anioł zaprowadził ich do oszałamiającej przepychem willi na szczycie skały, tuż nad brzegiem oceanu. Jedynie multimilionerzy mogą pozwolić sobie w życiu na tak wykwintną posiadłość. Anioł oznajmił im, że rezydencja teraz należy do nich, jako ich nagroda w niebie.

Mąż był człowiekiem praktycznym i natychmiast powiedział:

– To wszystko bardzo dobrze, ale nie sądzę, byśmy mogli sobie pozwolić na roczny podatek za tak wielką posiadłość.

Anioł uśmiechnął się uroczo i powiedział im, że w niebie nie ma żadnych podatków od nieruchomości. Po czym anioł zaczął oprowadzać małżonków po licznych pokojach rezydencji. Każdy pokój umeblowano z wyjątkowym smakiem, antykami lub w stylu nowoczesnym. Z sufitów zwisały drogocenne żyrandole. Łazienki miały armaturę z czystego złota. W pokojach stało DVD oraz supernowoczesne kino domowe. Na końcu obchodu, anioł powiedział, że jeżeli tylko coś im się nie podoba, to niech mu powiedzą, a on to od razu zmieni. To była ich cudowna, nagroda niebios.

Mąż szacując wartość całego wyposażenia i powiedział:

– To są bardzo drogie sprzęty i meble. Nie sądzę, byśmy mogli sobie pozwolić na opłacanie składek ubezpieczeniowych.

Anioł zmrużył oczy i powiedział im uprzejmie, że złodzieje nie mają wstępu do nieba, więc nie ma także potrzeby ubezpieczenia. I poprowadził ich na dół, do trójpoziomowego garażu w rezydencji. Był tam SUV z napędem na cztery koła obok lśniącej limuzyny marki Rolls-Royce, przystosowanej do podróży turystycznych, a trzeci samochód stanowiło czerwone sportowe Ferrari w limitowanej wersji, z chowanym dachem. Mąż zawsze marzył w swoim ziemskim życiu o mocnym, sportowym samochodzie, ale to była tylko sfera marzeń. Anioł powiedział, że jeśli chcą wymienić jakąś markę czy model, kolor, niech nie wahają się, by mu o tym powiedzieć. To była ich nagroda niebios.

Mąż posępnie powiedział:

– Nawet, gdybyśmy mogli pozwolić sobie na opłaty rejestracyjne, co jest niemożliwe, po co mi teraz szybkie sportowe samochody? Jedynie zbierałbym mandaty za przekroczenie prędkości.

Anioł potrzasnął głową i z cierpliwością w głosie powiedział, że w niebie nie ma opłat rejestracyjnych, ani radarów na drogach rejestrujących prędkość. Może sobie prowadzić Ferrari tak szybko, jak mu się tylko podoba. I anioł otworzył drzwi garażu. Po drugiej stronie drogi znajdowało się równiuteńkie pole golfowe z osiemnastoma dołkami. Anioł powiedział, że wiedzieli już w niebie o pasji męża, jaką pała do golfa, dodając, że to wspaniałe pole golfowe zostało zaprojektowane przez samego Tigera Woodsa.

Mąż nadal jednak wyglądał na niezadowolonego, gdy mówił:

– To bardzo drogi klub golfowy, sądząc po szatni, i wydaje mi się, że nie będę mógł sobie pozwolić na wpisowe.

Anioł jęknął, po czym szybko doprowadził się do anielskiego spokoju i zapewnił męża, że *w niebie nie ma żadnych opłat i wpisowego*. Co więcej, na polach golfowych w niebie nigdy nie ma kolejki ustawiającej się, by wybić piłeczkę golfową z podstawki, piłka zawsze omija przeszkody, a trawa jest tak przystrzyżona i zaprojektowana, że za każdym razem, gdy uderza się piłeczkę, trafia ona do dołka. To była ich nagroda niebios.

Kiedy anioł ich zostawił, mąż zaczął krzyczeć na żonę. Był tak na nią wściekły, że aż wydzierał się na nią, ganił ją, nawtykawszy jej czegoś strasznego. Nie mogła pojąć, dlaczego był tak zły.

– Co ja ci zrobiłam, że się na mnie wściekasz? – zapytała grzecznie. – Mamy tę wspaniałą willę i cudowne meble. Ty masz swoje ferrari, którym możesz jechać tak szybko, jak zechcesz, i pole golfowe tuż po drugiej stronie drogi. Dlaczego jesteś na mnie taki zły?

– Dlatego, żono – powiedział ostro mąż – że gdyby nie to twoje zdrowe odżywianie, mógłbym tu być już od lat!

Żal, strata i fetowanie życia

Żal zawsze towarzyszy stracie. To stała formuła, typowa tylko nielicznym kulturom. Nie oznacza to jednak, że nie można tego uniknąć.

Doszedłem do tego własnym doświadczeniem, zagłębiając się przez osiem lat w czystej tradycji buddyzmu azjatyckiego. W tamtych dawno już minionych latach, spędzonych w leśnym klasztorze buddyjskim gdzieś w odległym zakątku

Tajlandii, zachodnia kultura i idee były zupełnie nieznane. Nasz klasztor służył za lokalne miejsce kremacji dla wielu okolicznych wiosek. Kremacji dokonywano niemal co tydzień. W trakcie tych setek pogrzebów, których byłem świadkiem w późnych latach siedemdziesiątych ubiegłego wieku, ani razu nie widziałem nikogo, kto by płakał. Rozmawiałem potem z osamotnionymi rodzinami zmarłych i nadal nie przejawiały one ani cienia smutku. Trzeba przyznać, że nie było żadnego bólu. Dowiedziałem się wówczas, że północno-wschodnie tereny Tajlandii od wieków znajdowały się pod wpływami nauk buddyjskich, śmierć powszechnie akceptowano tam w sposób, który zupełnie nie przystawał do zachodnich teorii na temat bólu i straty.

W tamtych latach nauczyłem się, że istnieje jakaś alternatywa dla bólu. Nie żeby ból był czymś niewłaściwym, po prostu, istnieje jeszcze jedna możliwość. Na stratę po ukochanej osobie można patrzeć z innej perspektywy, pozwalającej uniknąć długich dni bolesnej rozpaczy.

Mój ojciec zmarł, kiedy miałem zaledwie szesnaście lat. Dla mnie osobiście, to wspaniały człowiek. Był tym, który pomógł mi poznać prawdziwe znaczenie miłości, werbalizując to w taki sposób: „Synu, czegokolwiek byś w swoim życiu nie zrobił, moje serce będzie dla ciebie zawsze otwarte". Mimo, że kochałem go niezmiernie, na jego pogrzebie nie uroniłem ani jednej łzy. Później też po nim nie płakałem. Jego przedwczesna śmierć nigdy nie była dla mnie powodem do płaczu. Zajęło mi to wiele lat, zanim zrozumiałem własne uczucia i emocje, towarzyszące jego śmierci. Doszedłem do tego dzięki tej oto historii, z którą chcę się teraz z tobą podzielić.

W młodości lubiłem muzykę, wszystkie jej rodzaje, od rocka do klasycznej, od jazzu do muzyki folkowej.

W latach sześćdziesiątych i siedemdziesiątych ubiegłego wieku Londyn był fantastycznym miastem na dorastanie, zwłaszcza, gdy uwielbiałeś muzykę. Pamiętam, jak byłem na pierwszym, trochę nerwowym koncercie grupy Led Zeppelin w małym klubie w Soho. Innym razem jedynie garstka oglądała nieznanego wówczas jakiegoś Roda Stewarda, solistę grupy rockowej, w jakiejś malej salce na piętrze w niewielkim klubie w Północnym Londynie. Mam tak liczne cenne wspomnienia ze sceną muzyczną Londynu tamtych czasów.

Na koniec każdego z koncertów, wrzeszczałem razem ze wszystkimi: „Bis! Bis!". Zazwyczaj, zespół lub orkiestra grali potem jeszcze kilka kawałków. W końcu jednak musieli przestać, spakować sprzęt i wrócić do domu. To samo i ja. Pamiętam, że jak wieczorami wracałem do domu czy to z klubu, pubu czy sali koncertowej, to zawsze padał deszcz. Jest takie specjalne słowo opisujące ponurość deszczu, typowego dla Londynu: mżawka. Wydawało się, że zawsze mży, jest zimno i ponuro, gdy opuszczałem salę koncertową. Ale mimo to czułem gdzieś w duchu, że już prawdopodobnie nigdy więcej nie zobaczę i nie usłyszę tych zespołów ponownie, że na zawsze opuścili moje życie, co więcej, kilka razy byłem nawet bardzo smutny i płakałem. Więc gdy szedłem tak zimnym, mrocznym i wilgotnym Londynem, wciąż miałem w uszach tę inspirującą, nastrojową muzykę, która mówiła: „Co za wspaniała muzyka! Co za energetyczny koncert! Nie lada ze mnie szczęściarz, że mogłem tam być!". Nigdy nie czułem smutku, że wspaniały koncert dobiegł końca.

Dokładnie tak samo czułem się po śmierci mojego ojca. To tak, jakby właśnie zakończyło się wspaniałe przedstawienie. Niejako krzyczałem głośno: „Jeszcze!

Jeszcze!", kiedy zbliżał się wielki finał. Mój kochany staruszek starał się bardzo, by jeszcze trochę dla nas pożyć. Ale ostatecznie przyszedł ten moment, kiedy musiał „spakować manatki i udać się do domu". Kiedy po zakończeniu ceremonii pogrzebowej wyszedłem z krematorium w Mortlake wprost na londyńską mżawkę – pamiętam tę mżawkę doskonale – wiedząc w duchu, że już prawdopodobnie nigdy z ojcem nie będę, że opuścił moje życie na zawsze, nie czułem smutku; ani nie płakałem. Tym, co czułem w sercu, było: „Co za wspaniały ojciec! Jego życie było jednym wielkim źródłem inspiracji. Ale szczęściarz ze mnie, że mogłem tam wówczas być. Jestem wybrańcem losu, będąc jego synem". Kiedy trzymałem swoją matkę za rękę, w trakcie długiego spaceru w przyszłość, poczułem takie samo radosne uniesienie, którego doznawałem na koniec każdego wielkiego koncertu w moim życiu. Za żadne skarby nie chciałbym tego stracić. Dziękuję ci, Tato.

Żal rozpamiętuje tylko to, co ci odebrano. Fetowanie życia polega na rozpoznawaniu wszelkich błogosławieństw, którymi cię obdarowano i odczuwaniu z tego powodu wielkiej wdzięczności.

Opadające liście

Chyba najgorsza śmierć, jakiej możemy doświadczyć, to śmierć dziecka. Wiele razy miałem zaszczyt prowadzić ceremonię pogrzebową przy pochowku małego chłopca lub dziewczynki, kogoś, kto dopiero co zaczął nabierać doświadczeń życia ziemskiego. Moim zadaniem jest pomoc, by wskazać zrozpaczonym rodzicom, jak i innym, w jaki sposób powinni przestać zadręczać się winą i wyzwolić się z obsesji żądania odpowiedzi na pytanie: „Dlaczego?".

Zwykle powtarzam tę oto przypowieść, zasłuchaną od kogoś wiele lat temu w Tajlandii.

Zwykły mnich z leśnego klasztoru medytował sobie samotnie w dżungli, w szałasie zrobionym z sitowia. Pewnego wieczora przeszła tam ulewna monsunowa burza. Wiatr wył i hulał niczym odrzutowiec, a rzęsisty deszcz walił o szałas. Im bliżej nocy, tym burza się wzmagała. Najpierw słychać było trzask łamanych gałęzi drzew. Potem wichura wyrywała z korzeniami całe drzewa i powalała je na ziemię z hukiem tak potężnym, jak uderzenie pioruna.

Mnich niebawem uświadomił sobie, że jego szałas, zrobiony z trawy, nie ma żadnego zabezpieczenia. Jeśli przywali go drzewo, czy nawet gruby konar, przebije od razu trawiasty dach i stratuje go na śmierć. Nie spał przez całą noc. Gdy słyszał co chwilę, jak wielkie drzewiaste giganty dżungli, wyrywane z korzeniami, powalają się na ziemię, serce mu zamierało.

Jak to zazwyczaj w naturze bywa, przed brzaskiem, burza ustała. Gdy tylko zaczęło świtać, mnich wyszedł ze swojego szałasu, by oszacować zniszczenia. Sporo wielkich gałęzi, jak też i dwa potężne drzewa, leżały powalone tuż obok szałasu. Mnich zrozumiał, że miał wiele szczęścia, że przeżył. Natomiast tym, co nagle zwróciło jego uwagę, wcale nie były sterty wyrwanych z korzeniami drzew i porozrzucane gałęzie, od których roiło się wszędzie na ziemi, lecz liście, ścielące się grubym dywanem na poszyciu leśnym.

Jak zakładał, wiele z tych liści, leżących na ziemi, były już stare, zbrązowiałe, one wypełniły swój żywot. Ale pomiędzy tymi brązowymi, się znajdowała masa żółtych. A nawet było pośród nich sporo zielonych. Niektóre z nich były tak soczyście zielone i świeże, że, jak sądził, musiały zaledwie kilka godzin wcześniej rozwinąć się z pąków. W tym momencie, mnich w głębi serca zrozumiał naturę śmierci.

Chciał sprawdzić, jak jego wgląd ma się do rzeczywistości i spojrzał w górę na korony drzew. Oczywiście, wiele liści pozostawionych na gałęziach było młodymi, zdrowymi zieleniutkimi listeczkami, które dopiero co rozpoczęły swoje życie. Niemniej jednaj, choć mnóstwo nowych zielonych liści leżało na ziemi, stare pomarszczone i ususzone liście nadal trzymały się na gałęziach. Mnich uśmiechnął się; od tamtego czasu, śmierć dziecka przestała budzić w nim niepokój.

Kiedy wichry śmierci przetaczają się przez naszą rodzinę, zazwyczaj zabierają tych starszych, te „zbrązowiałe liście". Potrafią też zabrać tych w średnim wieku, będących na drzewie życia żółtymi liśćmi. Młodzi ludzie także umierają, na początku swego życia, tak jak te zielone listeczki. Czasami też śmierć wyrywa rodzicom ich ukochane małe pociechy, tak samo jak burza, odzierająca gałęzie z młodych pędów. W naszych społeczeństwach, tkwi w tym pierwotna natura śmierci, tak samo, jak w przypadku pierwotnej natury burzy, szalejącej po lasach.

Nikt nie jest winny i nikogo nie wolno obwiniać za śmierć dziecka. Taka jest natura rzeczy. Jak można obwiniać burzę? To pomaga nam odpowiedzieć na pytanie, dlaczego niektóre dzieci umierają. Odpowiedź jest prosta - z takiego samego powodu, co niektóre młodziutkie zielone listeczki, które zrywa burza.

Dobre i złe strony śmierci

Na każdym pogrzebie jest taki moment, w którym uczucia najprawdopodobniej sięgają zenitu. Jest to moment złożenia trumny do grobu, czy jak w przypadku kremacji, uruchomienie przycisku przesuwającego trumnę. To tak, jakby ostatecznie okradano nas z tego, co jeszcze pozostało po naszym ukochanym. Jest to moment, w którym już dłużej nie da się powstrzymać łez.

W niektórych krematoriach w Perth, takie chwile są szczególnie trudne. Tam, kiedy uruchamia się przycisk, trumna schodzi w dół, do podziemnego kompleksu, gdzie znajdują się piece krematoryjne. Ma to zastąpić tradycyjny pochówek. Niemniej jednak, osoba zmarła, która „zapada się" w ziemię, budzi podświadome konotacje, że idzie prosto do piekła! Czy sama śmierć ukochanej osoby nie wystarcza; ubieranie tego w dodatkową symbolikę, która kojarzy się z jego pójściem do piekła, jest zbyt trudne do zniesienia.

A zatem, zaproponowałem kiedyś, by zbudowano kaplice krematoryjne w ten sposób, aby, w momencie jak ksiądz naciśnie odpowiedni przycisk, by powierzyć zmarłego, trumna z gracją uniesie się w powietrzu. Wystarczyłaby do tego zwykła hydrauliczna winda. Gdyby trumna znalazła się już pod sufitem, zniknęłaby w gęstych chmurach suchego lodu, a potem przez otwór w dachu, a wszystko to przy akompaniamencie pięknych akordów niebiańskiej muzyki. Jakież byłoby to wspaniałe wrażenie dla psychiki ludzkiej, podnoszące na duchu zgromadzonych żałobników!

Niemniej jednak część osób, które dowiedziały się o mojej propozycji, sugerowały, że może to przekoloryzować nieco faktyczną istotę ceremonii, zwłaszcza w takich przypadkach, gdy żałobnicy wiedzą, iż ten drań, który spoczywa w trumnie, z pewnością nie poszedłby „do nieba”. Więc zmodyfikowałem delikatnie mój pomysł sugerując trzy przyciski, każdy dla innego symbolicznego sposobu przekazania ciała: przycisk „do góry” tylko dla miłych, przycisk „na dół” dla łobuzów, i przycisk "na boki", dla pozostałej znaczącej większości. A wtedy, kierując się zasadami zachodnich demokracji, i próbując trochę uatrakcyjnić tę ponurą ceremonię, prosiłbym żałobników, by podnieśli rękę i zagłosowali, który z trzech guzików należy nacisnąć! To uczyniłoby z pogrzebu doskonałe i najbardziej godne zapamiętania wydarzenie, którego należy być świadkiem.

Mężczyzna, który miał cztery żony

Pewien człowiek, któremu dobrze się powodziło, miał na utrzymaniu cztery żony. Kiedy dobiegał już końca swego życia, przywołał do łoża śmierci swoją czwartą żonę, najmłodszą wiekiem i stażem małżeńskim.

– Kochanie – powiedział głaszcząc jej boskie ciało – za dzień, może dwa, umrę. Po śmierci, będę czuł się bez ciebie bardzo samotny. Może odejdziesz ze mną?

– Nie ma mowy! – stanowczo sprzeciwiła się piękność. – Muszę tu zostać. Wygłoszę mowę na twoim pogrzebie, ale nic więcej nie mogę zrobić. – I szybko wyszła z jego sypialni.

Jej lodowata odmowa była niczym sztylet, godzący go prosto w serce. Tak wiele uwagi poświęcał swojej najmłodszej żonie. Prawdę mówiąc, był nadzwyczaj dumny, że wybrał ją jako osobę, towarzyszącą mu przy pełnieniu istotnych funkcji. Dodawała mu godności w jego dość zaawansowanym wieku. Jakież było jego zaskoczenie, gdy dowiedział się, że nie kochała go tak bardzo, jak on ją kochał.

Nadal jednak miał jeszcze trzy żony, więc zawołał do siebie trzecią z kolei, z którą złączył się, będąc w średnim wieku. Niezwykle mozolnie zabiegał o rękę swej trzeciej żony. Gorąco ją kochał za to, że dała mu mnóstwo radości. Była na tyle atrakcyjna, że wielu mężczyzn jej pożądało; a jednak ona zawsze była mu wierna. Zapewniła mu poczucie bezpieczeństwa.

– Kochanie – powiedział obejmując ją czule – za dzień, może dwa, umrę. Po śmierci, będę czuł się bez ciebie bardzo samotny. Może odejdziesz ze mną?

– Wykluczone! – kategorycznie odparła młoda kobieta, prezentując postawę asertywnej businesswoman. – Takie rzeczy się nie zdarzają. Wyprawię ci bogaty pogrzeb, ale po ceremonii odejdę z twoimi synami.

Przyszła zdrada jego trzeciej żony poruszyła go do głębi. Odesłał ją i zawołał swoją drugą z kolei żonę.

Z drugą żoną razem ze sobą dorastali. Nie była nadto atrakcyjna, ale zawsze stała przy jego boku, gotowa pomóc we wszelkich kłopotach, służąc cennymi radami. Była jego najbardziej zaufanym przyjacielem.

– Moja ukochana – powiedział, patrząc jej szczerze prosto w oczy – za dzień, może dwa, umrę. Po śmierci, będę czuł się bez ciebie bardzo samotny. Może odejdziesz ze mną?

– Przykro mi – powiedziała przepraszająco – Nie mogę z tobą odejść. Odprowadzę cię do samego grobu, ale nie dalej.

Stary mężczyzna kompletnie się załamał. Zawołał po swoją pierwszą żonę, którą znał, jak powiadają, od zawsze. Ostatnio zaniedbywał ją, a zwłaszcza po tym, jak spotkał swoją urzekającą trzecią żonę i wytworną czwartą żonę. Ale tak naprawdę, to pierwsza żona była dla niego naprawdę ważna i ona spokojnie robiła swoje za kulisami. Zawstydził się, gdy zobaczył ją kiepsko ubraną i wychudzoną.

– Najdroższa – rzekł błagalnie – za dzień, może dwa umrę. Po śmierci, będę czuł się bez ciebie bardzo samotny. Może odejdziesz ze mną?

– Oczywiście, że odejdę z tobą – odparła z niezmąconym spokojem. – Zawszę będę z tobą podążała z jednego życia, w następne.

Imię jego pierwszej żony to Karma. Imię drugiej żony to Rodzina. Imię trzeciej żony to Bogactwo. A czwarta żona miała na imię Sława.

Proszę cię, przeczytaj tę historię jeszcze raz, żebyś zapamiętał wszystkie cztery żony. O którą żonę należy najbardziej dbać? Która pójdzie wraz tobą, gdy będziesz umierał?

Parskanie śmiechem

W pierwszym roku mojego pobytu w Tajlandii, przewożono nas małymi ciężarówkami z jednego klasztoru, do drugiego. Oczywiście, starsi mnisi zajmowali lepsze miejsca w szoferce z przodu. A my młodzi mnisi tłoczyliśmy się na twardych drewnianych ławkach z tyłu w przyczepie. Nad ławkami była nisko zmontowana metalowa rama, na której przymocowano plandekę, by chroniła nas przed deszczem i kurzem.

Wszystkie drogi były brudne, źle utrzymane. Kiedy koła natrafiły na dziurę w nawierzchni, ciężarówka skakała w dół, a mnisi podskakiwali w górę. Trzask! Niejeden raz walnąłem głową w tę metalową ramę. Co więcej, jako ogolony na łyso mnich, nie miałem na głowie żadnej „poduszki amortyzacyjnej".

Za każdym razem, kiedy się uderzałem to przeklinałem – po angielsku, oczywiście, by nie zrozumieli mnie tajscy mnisi. Ale kiedy tajscy mnisi uderzali głowami o ramę, tylko się śmiali! Nie mogłem tego pojąć. Jak można się śmiać, gdy niezwykle boleśnie uderzasz się w głowę? Pomyślałem sobie, że być może, tajscy mnisi tak wiele razy walili się w głowę, że nabawili się pewnego rodzaju trwałego urazu.

Ponieważ w przeszłości byłem naukowcem, zdecydowałem się przeprowadzić eksperyment. Postanowiłem, że następnym razem, jak walnę się w głowę, będę się śmiał tak samo, jak ci tajscy mnisi i wówczas zobaczę, jak to jest. Wiesz, co odkryłem? Zaobserwowałem, że w momencie, jak uderzasz się w głowę i śmiejesz się, o wiele mniej boli.

Jeśli nadal mi nie wierzysz, spróbuj sam, kiedy tylko następnym razem uderzysz się w głowę.

Doświadczenie owo nauczyło mnie, że gdy życie okazuje się bolesne, mniej boli, gdy dostrzeżesz jego zabawną stronę i spróbujesz wykrzesać z siebie choć trochę śmiechu.

Robak i jego ukochana kupa gnoju

Niektórzy ludzie po prostu nie chcą uwolnić się od problemów. Jeśli mają swoich za mało, mając tym samym za mało zmartwień, wówczas żyją tasiemcami telewizyjnymi, angażując się i przejmując kłopotami ekranowych bohaterów. Na niektórych urazy działają ekscytująco; uważają cierpienie za niezłą zabawę. Nie chcą być szczęśliwi, bo zbyt przywiązani są do swoich obciążeń.

Dwaj mnisi przyjaźnili się całe życie. Kiedy zmarli, jeden odrodził się jako *deva* (istota boska) w cudownym niebiańskim świecie, a drugi z nich odrodził się jako robak w kupie gnoju.

Devie zaczęło wkrótce brakować starego przyjaciela i zastanawiał się, w jakim wcieleniu mógł się on odrodzić. Nigdzie w swoim niebie nie mógł znaleźć swojego przyjaciela, więc zaczął szukać go także w innych królestwach niebieskich. Przyjaciela tam nie było. Wykorzystując swoje boskie moce, deva przeszukał ziemski świat, ale tam też nie mógł znaleźć swojego przyjaciela. Niemożliwe, pomyślał sobie, by jego przyjaciel odrodził się wśród zwierząt, ale na wszelki wypadek i tam poszukał. Nadal ani znaku jego przyjaciela z poprzedniego życia. Tak więc, następnie deva przeszukał świat, który nazywamy „robactwem" i ku jego ogromnemu zaskoczeniu, znalazł tam swojego przyjaciela, we cieleniu robaka, żyjącego z ohydnej kupie śmierdzącego gnoju!

Więzy przyjaźni są tak silne, że zawyczaj śmierć nie potrafi ich zerwać. Deva poczuł, że musi wybawić swojego starego kumpla z tak żałosnego wcielenia, bez względu na jego karmę, która do tego doprowadziła.

Więc Deva pojawił się przed cuchnąca kupą gnoju i zawołał:

– Hej robaku! Pamiętasz mnie? Byliśmy razem mnichami w poprzednim życiu, a ty byłeś moim najlepszym przyjacielem. Podczas gdy ja odrodziłem się w najwspanialszym niebiańskim świecie, ty odrodziłeś się w tej odrażającej kupie łajna krowiego. Nie martw się, zatem, ponieważ mogę cię razem ze mną zabrać do nieba. No chodź, bracie!

– Chwileczkę, zaczekaj! – powiedział robak. – Co jest wspaniałego w tym «niebiańskim świecie», którym tak się zachwycasz? Jestem tu bardzo szczęśliwy, z moją pachnącą, wspaniałą kupą smakowitego gnoju, dziękuję ci bardzo.

– Nie rozumiesz – powiedział deva, i obrazowo opisał robakowi wspaniałości i przyjemności życia w niebie.

– Czy jest tam zatem jakaś kupa gnoju? – zapytał robak, przechodząc do sedna sprawy.

– Oczywiście, że nie! – żachnął się deva.

– Więc nigdzie nie idę! – odpowiedział kategorycznie robak. – Spadaj!

I robak zakopał się w samym środku kupy łajna.

Deva pomyślał więc sobie, że gdyby tylko robak sam mógł zobaczyć niebo, to by zrozumiał. Zatkał więc nos i wsadził swoją delikatną dłoń w cuchnące łajno, szukając robaka. Natrafił na niego i zaczął go wyciągać.

– Hej! Zostaw mnie w spokoju! – wrzeszczał robak. – Pomocy! Ratunku! Napastują mnie! – I mały pełzający robal wił się i skręcał, aż się uwolnił, po czym z powrotem zanurzył się w swojej cuchnącej kryjówce.

Miły deva znowu włożył palce w cuchnące odchody, znalazł robaka i ponownie próbował go wyciągnąć. Już prawie go miał, ale ponieważ robak był śliski od szlamowatego świństwa i nie chciał wyjść, udało mu się uciec po raz drugi i ukrył się w kupie gnoju jeszcze głębiej. Jeszcze sto osiem razy próbował deva wyprowadzić biednego robaka z tej żałosnej kupy gnoju, ale robak był tak przywiązany do niej, że za każdym razem się wywijał z powrotem.

I ostatecznie deva musiał wrócić do swojego nieba i zostawić głupiego robaka w jego „ukochanej kupie gnoju".

I tak oto kończy się 108 historyjek, które opowiedziałem w tej książce.

Słownik trudniejszych pojęć

Ajahn Chah – był nauczycielem Ajahna Brahma od stycznia 1975 roku do maja 1983 roku, kiedy to Ajahn Brahm przybył do Australii. Wkrótce potem, Ajahn Chah poważnie się rozchorował, został sparaliżowany, w konsekwencji czego, nie mógł mówić. Umarł, ostatecznie, 16 stycznia 1992 roku, uznany za jednego z wielkich światłych mistrzów naszych czasów.

Budda – imię nadanie Siddharcie Gautamie po doznaniu przez niego oświecenia (przebudzenia) pod drzewem bodhi w 588 roku p.n.e., i stąd uznawany jest on za twórcę tego, co teraz nazywane jest „buddyzmem".

Buddysta – świecki wyznawca religii (systemu filozoficznego), ustanowionej przez Buddę, zazwyczaj znany ze swego cnotliwego zachowania, niekrzywdzenia żadnych żywych istot, miłosiernej natury i oddania dla medytacji.

Buddyści świeccy – buddyści, wykluczając mnichów i mniszki, którzy stanowią olbrzymią większość wyznawców Buddy.

Deva – sanskryckie słowo, dosłownie oznaczające „świetlistą istotę", i odnosi się do istoty pochodzącej z niebios, anioła, tego, który powtórnie narodził się w jednym z wielu niebiańskich bytów, dzięki dobrej karmie.

Dżataki – opowiadania, będące częścią starych pism buddyjskich, na które składają się baśni i opowieści, zakończone morałem. Niektóre z nich to historie o poprzednich żywotach Buddy.

Jałmużna, błaganie o jałmużnę – mnisi naszej tradycji idą wczesnym rankiem do wioski po jedzenie. Wieśniacy oczekują na mnichów i czerpią radość z tego, że mogą ofiarować im całodzienne jedzenie, składając je w milczeniu w miseczkach mnichów, specjalnie do tego celu przeznaczonych. Nie pada przy tym ani jedno słowo. Jest to wzruszający akt tworzenia dobrej karmy.

Karma, prawo karmy – prawo moralnej przyczyny i skutku mówiące, że wszelkie działanie – ciałem, mową i myślą, które przynosi szczęście innym, przynosi szczęście także i tobie; lecz jeśli w jakikolwiek sposób skrzywdzisz drugiego, cierpienie powróci do ciebie.

Medytacja – technika „usuwania blokad" w celu osiągnięcia wyjątkowego stanu wewnętrznego spokoju, wyzwolenia i szczęśliwości.

Mnich – wyświęcona osoba, przestrzegająca zasady celibatu i ubóstwa. Kiedy mnisi po raz pierwszy przychodzą do zakonu, wyświęcani są jako mnisi nowicjusze (w znaczeniu „bez przywar") i obowiązuje ich mniej reguł, niż w przypadku starszych mnichów. Kiedy mnisi zostają wyświęceni na wyższy stopień, muszą przestrzegać pełnego kanonu zasad. Młody mnich to mnich, który spędził mniej niż pięć lat w zakonie, podczas gdy starszy mnich ma ponad dziesięcioletni staż.

Odosobnienie, okres odosobnienia przypadający na porę deszczową (Vassa) – trzymiesięczny okres, pomiędzy pełnią księżyca, przypadającą w lipcu i październiku, podczas którego mnisi zaprzestają wszelkich wędrówek i podróży i poświęcają się głębokiej medytacji i nauce.

Opat – w zakonach buddyjskich, należących do naszej tradycji, mamy stanowisko opata, który jest zarówno nauczycielem i zarządcą. W przeciwieństwie do wielu klasztorów, należących do tradycji chrześcijańskiej, opat nie kieruje się ustalonym kanonem posłuszeństwa, chociaż zazwyczaj jego życzenia mają rolę dominującą.

Sutta – mowa wygłaszana przez Buddę.

Środkowa ścieżka – droga prowadząca do oświecenia, którą przebył Budda i potem przekazywał ją światu. Wyklucza dwie skrajności: samoumartwianie i brak umiaru w doznaniach zmysłowych.

Świątynia buddyjska – budynek o charakterze religijnym, zazwyczaj z wizerunkiem Buddy w środku. Nie zawsze mieszkają tam mnisi i mniszki.

Tajska Tradycja Leśna – szkoła buddyjska, polegająca na prostocie i poświęceniu medytacji, której jednym ze znamiennych założycieli jest Czcigodny Ajahn Mun z północno-wschodniej Tajlandii. Zwolennicy tej tradycji znani są ze ścisłego przestrzegania nauk moralnych i obwiązujących reguł oraz praktyk medytacyjnych.

Theravada – jedna z głównych szkół buddyzmu, uznawana za najbliższą, lecz nie identyczną, z pierwotnymi naukami Buddy. Szkoła jest dominującą szkołą na Sri Lance, w Tajlandii, Birmie, Kambodży i Laosie. Obecnie Buddyzm Theravada gwałtownie rozprzestrzenia się na Zachodzie.

Wat Nong Pah Pong – główny tajski klasztor, założony przez Ajahna Chaha, którego nazwa dosłownie oznacza „klasztor w gęstwinie leśnej nad stawem".

Zakon buddyjski – ośrodek, w którym wiele mnichów i mniszek żyje, uczy się i wykonuje swoje obowiązki.

Uwagi i przypisy

Niemal wszystkie historie, zamieszczone w tej książce, przekazywane były ustnie w naszej klasztornej tradycji. Wiele z nich ma swe korzenie w starych pismach buddyjskich, ale ich treść rozbudowywana jest w każdym przekazie, tak, by dopasować ją do aktualnej rzeczywistości. Niemniej jednak, niektóre z nich to bardziej współczesne anegdoty, które wzbogacają głębię przekazu naszych buddyjskich opowieści.

W przypadku, gdy opowiadania wywodzą się z konkretnych tekstów buddyjskich, ich źródło podano poniżej. Do źródeł innych nie udało mi się dotrzeć, prawdopodobnie zasłyszałem je i zapamiętałem w jeszcze pierwszych latach mojego życia jako buddysta. Niektóre z nich wielokrotnie opowiadano potem w książkach, czego potwierdzenie znajduję niemal wszędzie. Niemniej jednak, główne źródło mojego materiału, to moje własne doświadczenie, zwłaszcza lata spędzone jako mnich, kiedy to historie te rodziły się lub słyszałem je podczas inspirujących uroczystości w świątynnych holach.

[1] *Devaputta Samayutta, Sutta* Nr 26, w moim tłumaczeniu.

[2] Historia ta zrodziła się na bazie wielu źródeł, w szczególności na oryginale *Dhammapady*, wers 110 i wersów *Theragathy*, autorstwa świątłego mnicha Adhimutta Thero.

[3] Historia ta ma swe korzenie w *Samyutta Nikaya, Kosala Samyutta Sutta* Nr 8, a także w *Udana, vagga 5, Sutta* Nr 1.

[4] Historia ta powstała na bazie *Samyutta Nikaya, Sakka Samyutta Sutta* Nr 22.

[5] Po raz pierwszy słyszałem wersję tej starej opowieści jeszcze w Anglii, gdy byłem młodym buddystą. Od tamtego czasu zyskała nową wersję i w skrócie została opublikowana przez Indries Shah w książce *The way of the Sufi*, Penguin Books, Harmondsworth, 1975, ss. 80-1

[6] Uzyskałem pozwolenie autora, Jonathana Wilsona-Fullera na posłużenie się cytatem jego wcześniej wydanego wiersza, pt. „It's Too Much to Hope for".

[7] Zgodnie z moimi badaniami, opowiadanie „Trzy pytania" po raz pierwszy opublikowano w języku jidysz w 1903 roku w książce, która zawierała opowiadania różnych znamienitych autorów, takich jak Czechow, by wesprzeć Żydów w czasie ich prześladowań w Rosji. Wersję, którą przeczytałem w 1979 jako student Cambridge University, wydano w antologii, chociaż nie odnalazłem śladów publikacji.

[8] Historia oparta na *Dżatace* Nr 107.

[9] Historia oparta na *Dżatace* Nr 215.

[10] Historia oparta na *Udana*, rozdział 6, *Sutta* Nr 4.

O Autorze

Ajahn Brahm urodził się w Londynie w 1951 roku. W wieku szesnastu lat, chodząc jeszcze do szkoły, po przeczytaniu książek poruszających tematykę buddyjską, przeszedł na buddyzm. Jego zainteresowania buddyzmem oraz medytacją rozkwitły w czasie jego studiów z zakresu fizyki teoretycznej na Cambridge University. Po uzyskaniu dyplomu i po rocznej pracy jako nauczyciel w szkole średniej, wyjechał do Tajlandii, by zostać mnichem.

Święcenia uzyskał w Bangkoku w wieku 23 lat w klasztorze, prowadzonym przez Opata świątyni w Wat Saket. Spędził tam następnych dziewięć lat, studiując nauki buddyjskie i praktykując medytację Tajskiej Tradycji Leśnej pod okiem Czcigodnego Mistrza Ajahn Chah'a.

W 1983 roku poproszono go o pomoc w tworzeniu świątyni Tajskiej Tradycji Leśnej w pobliżu Perth w Zachodniej Australii. Obecnie Ajahn Brahm jest Opatem Klasztoru Bodhinyana i Dyrektorem ds. Duchowych Buddyjskiego Towarzystwa Stanu Australia Zachodnia.